Nun sag, wie hast du's mit …

Die Publikation wird gefördert von der Medienstiftung der Sparkasse Leipzig.

Thomas Mayer (Hrsg.)

Nun sag, wie hast du's mit ...

Essays prominenter
Journalisten zu
großen Kontroversen
der Gegenwart

EVANGELISCHE VERLAGSANSTALT
Leipzig

Bibliographische Information der Deutschen Nationalbibliothek
Die Deutsche Nationalbibliothek verzeichnet diese Publikation in der
Deutschen Nationalbibliographie; detaillierte bibliographische Daten
sind im Internet über http://dnb.dnb.de abrufbar.

© 2015 by Evangelische Verlagsanstalt GmbH · Leipzig
Printed in EU · H 7945

Gestaltung: FRUEHBEETGRAFIK · Thomas Puschmann, Leipzig
Druck und Binden: CPI books GmbH, Leck

ISBN 978-3-374-04129-9
www.eva-leipzig.de

Warum es dieses Buch gibt

von Thomas Mayer

»Nun sag, wie hast du's mit der Religion …?«, lässt Goethe seine Margarete, genannt Gretchen, in der Tragödie Faust, erster Teil, Heinrich Faust fragen. Aus derer Frage nach der Religiosität entwickelte sich über die Jahrhunderte unter dem Wort »Gretchenfrage« die Gewissensfrage. Wer darauf antwortet, kann sich nicht drücken vor Er- und Bekenntnissen. So ist dem Verlag wie dem Herausgeber in den Sinn gekommen, prominente Journalisten zu bitten, zu aktuellen Problemen der Zeit Stellung zu beziehen. Journalisten sind nun einmal prägend für die öffentliche Meinung. Jeder beantwortet auf persönliche Weise seine aktuelle Gretchenfrage.

»Nun sag, wie hast du's mit der Medienfreiheit?«, könnte sich anlässlich ihres 175-jährigen Gründungsjubiläums auch die Sparkasse Leipzig gefragt haben. Ob nun in Erinnerung an Goethe oder wahrscheinlich doch eher nicht, gründete sie 1999 ihre Medienstiftung und beschloss, ab 2001 alljährlich den Leipziger Preis für die Freiheit und Zukunft der Medien zu verleihen.

Ich gehöre zu den Erst-Preisträgern. Der Krieg im und ums Kosovo war damals noch nicht lange beendet. Die

Stadt Leipzig mit ihrem damaligen Oberbürgermeister Wolfgang Tiefensee hatte gemeinsam mit aktiven Bürgern, so dem bündnis-grünen Politiker Michael Weichert, Initiator der Hilfe für die spätere bosnische Partnerstadt Travnik, und der Leipziger Volkszeitung, für die ich als Chefreporter tätig war, eine Spendenaktion für Flüchtlinge aus dem Kosovo initiiert. Wir brachten die Hilfe auf oft abenteuerlichem Weg vor Ort, zum Beispiel in montenegrinische Bergdörfer, wohin die Kosovaren zu Tausenden aus Angst vor dem Krieg in ihrer Heimat geflohen waren. Als Journalist berichtete ich über die Aktionen und konnte damit die Leipziger zu weiteren Spenden motivieren. Mit diesen Erfahrungen blieb ich dem Medienpreis stets verbunden und schrieb über weitere Preisträger.

Wladiwostok: Hier sitzt Grigori Pasko im Gefängnis. Der russische Militärjournalist beschäftigt sich mit der Aufklärung von Umweltverbrechen der russischen Streitkräfte. Er stößt auf Mauern des Schweigens. Er filmt eine geheime Aktion, bei der die Marine radioaktive und chemische Abfälle im Japanischen Meer versenkt hat. Der Film wird im japanischen Fernsehen gesendet. Pasko kommt vors Militärgericht und wird zu Gefängnis und Straflager verurteilt. Da Pasko nicht nach Leipzig kommen konnte, um die Auszeichnung mit dem Preis der Freiheit und Zukunft der Medien im Jahr 2002 in Empfang zu nehmen, bringe ich den Preis einschließlich des Preisgeldes persönlich ins ganz ferne Russland, 12.500 Euro im Rucksack, cash. Ehefrau Galina freut sich, als ich ihr auf den Küchentisch ihrer Plattenbauwohnung den Geldstapel packe. Sie führt mich durch die einst gesperrte Stadt, die zu Sowjetzeiten militärisches Geheimgebiet war. Wir stehen vorm Gefängnis, wo

Grigori einsitzt und auf Verlegung in ein Straflager wartet. »Der Fall Pasko war und ist leider immer noch typisch für Russland – typisch in dem Sinn, wie die Staatsmacht versucht, einen kritischen Journalisten mundtot zu machen. Anhand der Ereignisse um Grigori Pasko wird sehr deutlich, wie es um die Pressefreiheit in Russland bestellt ist«, sagt der TV-Journalist Thomas Roth, Russlandkenner und Freund Paskos.

Prag: Mehr als 50 Tage protestieren 2002 TV-Journalisten und -Redakteure gegen die Einsetzung eines neuen Intendanten für das tschechische Staatsfernsehen, weil damit die direkte Einflussnahme der Politik auf den unabhängigen Journalismus einhergeht. Das Gesicht des Protests heißt Jolana Voldanova. Mit ihren Kolleginnen und Kollegen wird über Wochen die Sendezentrale besetzt, man schläft sogar auf Luftmatratzen im Sender. Im Ergebnis der Proteste kommt es zu einer Demonstration auf dem Prager Wenzelsplatz, auf der 100.000 Menschen für die Freiheit der Medien in Tschechien eintreten. Wenig später wird durch das Parlament per Gesetz die Einsetzung eines demokratisch gewählten Fernsehrates beschlossen. Stellvertretend für die protestierenden TV-Mitarbeiter wird Jolana Voldanova 2002 mit dem Leipziger Medienpreis ausgezeichnet.

Leipzig: James Nachtwey, eine Ikone der Kriegs-, besser der Antikriegsfotografie, ist Leipziger Medienpreisträger des Jahres 2004. Er zitiert in einem Interview mit mir sein Vorbild Robert Capa, der als US-Soldat den Zweiten Weltkrieg überlebt hatte, der aber 1954 im Indochina-Krieg ums Leben kam: »Das Beste für einen Kriegsfotografen ist es, wenn er keine Arbeit hat.« Nachtwey hatte und hat, leider, gut zu tun. Er war und ist an den Brennpunkten des Weltgeschehens, Ruanda, Bosnien, Afghanistan, Somalia, Tschetschenien, Irak, Syrien. Der Fotograf will die Macht der Bilder nutzen, um gegen Krieg und Elend Front zu machen. Er selbst bezeichnet sich in seinem Job als einen Privilegierten: »Ja, ich bin privilegiert, weil ich Zeitgeschichte beobachten kann. Und ich bin privilegiert, weil ich, wenn ich meine Arbeit beendet habe, nach Hause fliegen kann, während die Menschen, die ich in ihrem Elend fotografiert habe, das nicht können.« Seinen Job führt Nachtwey meist im Eigenauftrag aus. Denn sein Auftraggeber ist das Zeitgeschehen.

Moskau: Nichts anderes trifft auf Anna Politkowskaja zu. Wenige Tage vor dem Verleih der Medienpreise kann ich mit ihr telefonieren. Sie ist die Starreporterin der Moskauer Zeitung »Novaja Gazeta«, in ihren Beiträgen enthüllt sie Menschenrechtsverletzungen und Demokratiedefizite in Russland. Immer wieder schreibt sie über den Krieg in Tschetschenien. »Entweder du arbeitest und kapierst das, oder du lässt das sein. Ja, man muss mitunter Mut beweisen«, sagt Anna Politkowskaja. Und: »Ich habe immer Angst.« Sie ahnt ihr Schicksal, ihr Sohn sagte mal zu ihr: »Mama, man gönnt dir das Leben nicht.« Ein Jahr, nachdem sie 2005 in Leipzig mit dem Medienpreis geehrt wurde, stirbt Anna Politkowskaja, erschossen im Flur ihres Moskauer Wohnhauses. Der Mord ist bis heute nicht aufgeklärt.

Tel Aviv/Ramallah: In Israel lebt und arbeitet der Chefreporter der Tageszeitung »Haaretz«, Gideon Levy, im Westjordanland lehrt der Medienprofessor Daoud Kuttab, beide Leipziger Medienpreisträger 2004. Ein Israeli und ein Palästinenser schreiben für den Frieden. Die Aussöhnung ihrer beider Völker heißt beider selbst erteilte Verpflichtung. Levy: »Ich kann über Ökonomie schreiben, und wenn ich tot bin, wird das ein anderer tun. Ich kann genauso über Mode schreiben. Doch wenn ich nicht über das Leben der Palästinenser schreibe, wird das keiner mehr tun.« Und er fährt »rein« ins Westjordanland, gestern, heute, morgen. In Ramallah ist Daoud Kuttab zu Hause. Wie Levy will er die ewige Schuldfrage durchbrechen, mit Worten und Überzeugungen gegen den Konflikt »in den Köpfen der Völker« ankämpfen. Levy und Kuttab sind Medienpreisträger.

Diese Journalisten hautnah und zum Teil vor Ort erlebt zu haben, das war beeindruckend, das wirkt nach. Wirkung entfacht seit 15 Jahren der Medienpreis der Sparkassenstiftung. Er ist verwurzelt mit der Geschichte der Stadt – Leipzig, die wichtigste Stadt für die Friedliche Revolution im Herbst 1989. So kann dieser Preis auch auf eine eigene Philosophie verweisen. Es geht nicht um journalistische Bravourstücke oder den einzelnen exzellenten publizistischen Beitrag. Mit diesem Preis werden Journalisten, Verleger, Publizisten und Institutionen weltweit geehrt, die sich mit Risikobereitschaft, hohem persönlichem Engagement, mit Beharrlichkeit, Mut und demokratischer Überzeugung für die Sicherung und Entwicklung der Pressefreiheit einsetzen.

Der Preis ist in seinem 15. Jahr so etabliert wie die Stiftung, die ihn verleiht. Dazu wurde jüngst das von der Europäischen Union geförderte und von der Medienstiftung entwickelte und gegründete Europäische Zentrum für Presse- und Medienfreiheit ins Leben gerufen. Auch dafür waren die Ereignisse in Leipzig im Herbst 1989 der Nährboden. Eine Realität gewordene Idee kann weiter sprießen. Die Gedanken sind frei. Also haben wir Leipziger Medienpreisträger gefragt »Nun sag, wie hast du's mit …« – der Religion, dem Islam und Islamismus, der Wahrheit und Lügenpresse, den Flüchtlingsströmen, Putins Russland, Israel und Palästina, der Demokratie, die in Gefahr ist, Angst und Terror, dem Rechtsradikalismus und dem gemeinsamen Haus Europa.

Verlag und Herausgeber danken den Autorinnen und Autoren für die exklusiven Beiträge zu diesem Buch.

Inhalt

Die Lücke, die Gott lässt, sind wir selbst

von Wolfram Weimer

Das 21. Jahrhundert wird ein Zeitalter der Religion. Gott kehrt zurück, und zwar mit Macht – im doppelten Sinn des Wortes. Nicht nur als philosophische Kategorie, revitalisierte Tradition, theologische Überzeugung oder spirituelle Kraft. Er kommt mitten hinein in den politischen Raum. Ob wir es mögen oder nicht – wir gehen gerade vom postmodernen ins neoreligiöse Zeitalter.

Dabei schien Gott schon mausetot. Sie hatten ihn systematisch umgebracht, die Philosophen, die Psychologen, die Ideologen der abendländischen Neuzeit. Die Kritik des Metaphysischen ist seit der Aufklärung fester Teil unseres geistigen Wohnzimmers – wie das ungemütliche Sofa der Identität. Kant begann mit der Grenzfestlegung unserer Erkenntnis, Hume und Feuerbach erinnerten uns an den Projektionscharakter der Religion, Marx enttarnte ihr politisches Wesen, und seit Freud betrachten wir Gott immer auch als Vexierspiel unserer eigenen Psyche. Kurzum: Wir tragen Nietzsches Gott-ist-tot-Postulat wie Wechselgeld unserer Sinngebung durchs Leben.

Sigmund Freud diagnostizierte den Gottesmord zutreffend als die große »Kränkung« der Moderne. Das 20. Jahr-

13

hundert und seine gottverachtenden Ideologien dokumentierten das schließlich mit pathologischer Brutalität. Am Ende besorgten der Alltags-Atheismus und die Vergesslichkeit eines materialistischen Zeitalters den Rest. Die postmodernen Wohlstandsgesellschaften spülten sogar die kulturellen Restbestände des Christentums aus dem Bewusstsein einer geistig zerstreuten Zeit.

Doch nun geschieht das Unerwartete: Gott kehrt plötzlich zurück. Die Religion erlebt rund um den Erdball eine Renaissance, die kaum ein Europäer für möglich gehalten hatte. Die neue und aggressive Vitalität des Islam ist dabei nur die sichtbarste Entwicklung. Auch der christlich-orthodoxe Kulturkreis, Russland und ganz Osteuropa laden sich religiös neu auf. Asien befindet sich in theologischer Restauration, selbst so säkular geprägte Staaten wie die moderne Türkei werden durch die Rückbesinnung zur Religion neu definiert. Sogar Indien und China erleben ein politisch brisantes Comeback der Massenspiritualität. – Das 21. Jahrhundert wird wohl auch uns Europäer lehren, dass das Agnostische nicht das Ende der Geschichte ist.

Wenn nun die religiösen Saiten allenthalben wieder so laut schwingen, dass die Religionskritiker nervös werden, dann hat das zuvorderst mit einer Krise der Säkularisierung zu tun. Denn zusehends ist die Säkularisierung keine Verheißung mehr, sondern ein Risiko. Selbst Jürgen Habermas sehnt sich mit Blick auf den Machbarkeitswahn der Moderne plötzlich nach »Einhegungen durch Glaubenssätze« und warnt vor einer »entgleisenden Säkularisierung«. So wie es eine Pathologie des Glaubens gibt, so droht eben auch eine Pathologie der Wissenschaft.

Europa hatte nach dem Dreißigjährigen Krieg (1618–1648)

einen politischen wie intellektuellen Comment, dass es im Sinne der praktischen Vernunft wohl besser sei, den lieben Gott aus der Politik und dem Leben zu verbannen. Nur – infolge der philosophischen und habituellen Tötung Gottes zum Ende des 19. Jahrhunderts geriet Europa ins andere Extrem. Aus Furcht vor dem Trauma religiöser Verblendung schlitterte man in eine Verblendung von Rassen- und Klassenideologen. So war das 20. Jahrhundert im doppelten Sinne eines der gottlosesten der Menschheitsgeschichte. Die großen ideologischen Ersatzreligionen haben aus dem guten, alten Europa die grausame neue Hölle gemacht – und es damit verraten. Die beiden Weltkriege wirken aus heutiger Perspektive jedenfalls wie der zweite Dreißigjährige Krieg Europas. Der erste war von radikalen Theismen getrieben. Den zweiten schürten radikale Atheisten. Es war darum Alexander Solschenizyn, der hernach zur Verteidigung der Demokratie forderte: »Holt Gott zurück in die Politik!«

Das Abendland hat also gelernt, dass die »heilige« Säkularisation mit diesseitigen Göttern der Ideologien zu kämpfen hat. Es ahnt, dass gerade die moderne Demokratie den Rückbezug auf die Religion dringend braucht. Schon unser Grundgesetz geht von der »Würde des Menschen« aus, jener revolutionären Aussage des Christentums also, jeder Mensch habe eine unantastbare Würde. Der religiöse Wert der Würde verbietet jede Unterdrückung und Diskriminierung, stellt die Geschlechter gleich, wehrt jeden Statusunterschied nach Rasse, Sprache, Herkunft, Geld und Glauben ab. Die kirchliche Lehre von der Gottespräsenz in jedem Menschen ermöglicht also den modernen demokratischen Freiheitsstaat überhaupt. Damit ist die christliche Religion die »aktuelle Wirkungsgrundlage« (Paul Kirchhof) für die freiheitliche Demokratie, und wem Letzteres lieb ist, dem sollte Ersteres teuer sein. Schon der Staatsrechtler Ernst-Wolfgang Böckenförde hat darauf hingewiesen, dass eine demokratische Verfassung nicht aus sich heraus garantiert werden könne, sie brauche Wertegrundlagen. Kurzum: Die moderne Demokratie lebt von Voraussetzungen, die sie selber weder geschaffen hat noch gewährleisten kann.

Die jüngste Diskussion um »effiziente Ordnungen«, die Faszination moderner Oligarchismen machen klar, dass eine um ihr religiöses Unterbewusstsein entkleidete Demokratie gefährdet ist. Denn die Demokratie legitimiert sich in ihrem Kern nicht über die utilitaristische Frage der Effizienz (selbst wenn China hundertmal erfolgreicher wird als Europa, wollen wir unsere Demokratie nicht aufgeben), sondern über einen Wertekanon. Nietzsches Schmähung »Die Demokratie ist das vernatürlichte Christentum« sollte man darum als Kompliment verstehen.

Die menschenwürdige Gesellschaft braucht also den Maßstab des Überindividuellen. Wenn zum Beispiel die Mehrheit nichts daran findet, dass man Menschen klont, ältere Kranke »sterbehilft« und Behinderte abtreibt, wie kommt sie dann zur kollektiv-ethischen Erkenntnis, dass das trotzdem nicht in Ordnung ist? Am Ende braucht es archimedische Punkte der ethischen Normsetzung, die Religionen zu setzen vermögen und damit Kulturen prägen. Und unsere Kultur sagt uns, dass religiöse Werte wie Demut, Würde, Nächstenliebe mehr sein sollten als niedliche Accessoires einer Welt, in der das Eigentliche immer nur das Machbare und Moralfreie zu sein hat.

Die Lücke zwischen technischer Aufrüstung und moralischer Abrüstung wird von Philosophen als »ethische

Desintegration« beschrieben. Genau die wird von vielen Menschen gespürt, und nur die Religion scheint ihnen diese Lücke zu schließen. Der Schriftsteller Mario Vargas Llosa sieht die Lage so: »Wir haben uns geirrt, als wir behaupteten, die Menschen könnten ohne Religion auskommen. Menschen brauchen Transzendenz. Deshalb sollte man die Religion nicht bekämpfen.«

Schon bei der Überwindung der kommunistischen Diktatur hat die positive Wirkung von Religion auf die Politik eine Erkenntnis ins Bewusstsein der Weltbevölkerung eingegraben: Religion ist eine Gegenmacht, die selbst Diktaturen zu Fall bringen kann. Mit diesem Gegenmacht-Motiv beginnt jede Demokratie. Genau darum sind religiöse Rückbezüge inzwischen festes Repertoire von weltweiten Demokratiebewegungen.

Auch die Idee Europas ist Frucht vom Baum des Christentums. Unsere Mythen, unsere Ethiken, unsere Metaphern, unsere Architektur, unser Freiheitsbegriff rekurrieren immer auf die jüdisch-christliche Religion. Ein ums Christentum »befreites« Europa ist gar kein Europa mehr. Denn just die Religion webt Europas Kleid des Unterbewusstseins. Insofern bedeutet ein Comeback des religiösen Bewusstseins automatisch eine Wiederkehr des Kulturbewusstseins. Das ist – nach Phasen der kulturellen Regression, der Infantilisierung und systematischen Geschichtslosigkeit – keine schlechte Aussicht. Hegels provokante Analyse vom Vergangenheitscharakter der Künste muss daher nicht das Ende der Geschichte sein. Die Option ist jedenfalls da, dass die Kultur wieder zurückfinden könnte aus der spielerischen und ornamentalen Funktion zum Definitionscharakter ganzer Gesellschaften.

Und noch etwas: Max Weber hat einst im Protestantismus die Urkraft für den modernen Kapitalismus erkannt. Vielleicht liegt heute eine Ursache für das Zeitlupenhafte des erodierenden Europas gerade in seinem Nihilismus. Womöglich kann eine Gesellschaft, die an nichts glaubt, auch nicht an ihre Zukunft glauben noch an sich selbst. Was auch in der Demografie sichtbar wird: Gesellschaften, die um ihren inneren Sinn nicht mehr wissen, die kein größeres Ziel mehr kennen als die Besitzstandswahrung, entfalten weniger Kräfte, mobilisieren weniger Begabungsreserven, bekommen letztlich weniger Kinder. Der Unterschied zwischen habenden und wollenden Kulturen hat in der Geburtenrate einen Indikator. Insofern würde den europäischen Gesellschaften ein bisschen mehr Religion gar nicht schaden.

Dass man umgekehrt nicht alles ökonomisiert, nicht alles fungibel werden lässt, dass manche Dinge im doppelten Sinne des Wortes unverkäuflich sind, liegt ebenfalls daran, dass es Werte gibt, die Geld entwerten können – religiöse vor allem. Das neue Heimweh nach Gott stillt man nicht mit einer finalen Befreiung vom Christentum. Man sollte ihm entgegengehen – auf dem Weg zu sich selbst.

Die Medien und ein unerreichbares Ideal

von Roland Jahn

Es ist so eine Sache mit der Wahrheit. Jedem Kind wird beigebracht, dass sie zu achten ist. Die Bibel hat sie in den Zehn Geboten untergebracht: »Du sollst nicht lügen.« Die Wahrheit gehört zu dem, was Menschen als ein hohes moralisches Ideal empfinden, und für Journalisten ist die Wahrheit, neben der Unabhängigkeit, die Leitlinie ihrer Arbeit. Wahrheitsgemäß berichten, die Fakten ohne Ansehen von Person, Status oder persönlicher Beziehung recherchieren und dann die Geschichte erzählen, in einem Artikel oder in einem Fernsehbericht, der die Wahrheit präsentiert.

Aber gibt es sie wirklich, »die« Wahrheit? Je länger man auf etwas schaut, desto unwahrscheinlicher scheint es, diesen absoluten Anspruch zu erfüllen. Der Duden legt eine simple Spur: Wahrheit ist »die Übereinstimmung einer Aussage mit der Sache, über die sie gemacht wird ... [ein] wirklicher, wahrer Sachverhalt, Tatbestand«. Aber sobald es konkret wird, ist die Übereinstimmung zwischen Aussage und Realität eben oft nicht so einfach zu erzielen. Es gibt viele Blickwinkel auf die Realität, die eine wahrhafte Aussage ermöglichen, bisweilen sogar gegensätzliche wahrhafte Aussagen. Niemand hat die Wahrheit gepachtet – im

Volksmund ist der Respekt vor der Unerreichbarkeit »der« Wahrheit verankert.

Und doch ist sie ein Maßstab für die Qualität journalistischer Arbeit. Die Suche nach der Wahrheit ist für Journalisten eine zentrale Herausforderung. Es ist ihre Profession, gesellschaftliche Realität zu erfassen und zu vermitteln. Sie erfüllen damit eine für die Demokratie unverzichtbare Aufgabe: Sie liefern unabhängig recherchierte Informationen für mündige Bürger, die zur Entscheidungsfindung und gesellschaftlichen Partizipation unverzichtbar sind. Wenn sie diese Aufgabe gut erfüllen, dann wird die Presse auch ihrer informellen Rolle als vierter Gewalt gerecht. Schließlich heißt unabhängige, wahrheitsgemäße Berichterstattung auch, dass die Mächtigen nie sicher sein können, dass ihnen nicht doch jemand auf die Finger schaut, wenn sie ihre Macht regelwidrig und dem Gemeinwohl entgegen nutzen. Aber auch für die Gesellschaft insgesamt ist es wichtig, den Spiegel vorgehalten zu bekommen, wenn sie hinter ihren eigenen Idealen zurückbleibt.

Gesellschaftliche Realität umfassend und wahrheitsgemäß abzubilden, das war schon immer komplex. Aber in Zeiten, in denen global im Minutentakt eine unfassbare Menge an Informationen aus ungezählten Quellen stetig verfügbar ist, wird der Versuch umfassender Realitätsdarstellung immer unmöglicher. Es gibt viele »Wahrheiten« und längst auch ebenso viele Kanäle, auf denen sich quasi jeder mit seiner Version ein Publikum suchen kann – per Twitter, Facebook, YouTube, Blogs und sonstigen digitalen Tools. Solche Massenmedien erreichen große Menschenmassen, die aber zumeist völlig unabhängig voneinander bleiben und kommunikative Parallelwelten bilden. Oder kennen Sie LeFloid oder Gronkh? Die Follower-Zahlen des Regierungssprechers? Die Facebook-Einträge ihres Nachbarn?

Wer bestimmt, welche Darstellung zählt? Wer hilft mit welcher Motivation, eine Schneise zu schlagen durch den digitalen Informationsdschungel? Wo ist sie zu finden – die Wahrheit über die vielen Prozesse und Vorgänge, mit denen wir gesellschaftliche Realität vorantreiben?

Journalisten stehen unter Druck, weil die Wirtschaftsmodelle zur Verbreitung ihrer Inhalte unter digitalen Druck geraten sind. Das Abonnement der Tageszeitung oder des Wochenmagazins, die abendlichen Nachrichten im Fernsehen, sie werden vor allem von der vorwiegend älteren Zielgruppe genutzt, die in ihrem Medienkonsum (noch) analog geprägt ist. Die Digital Natives suchen sich komplett neue Modelle, Informationskanäle und -zugänge. Und das gefährdet die Zukunft der Informationsverbreitung durch das Instrument, das wir als Presse im 20. Jahrhundert kennengelernt haben. In einer Zeit, in der Journalismus gerade besonders um die Qualität der Information kämpfen muss, sehen sich viele Journalisten dazu gezwungen, immer schneller immer mehr zu produzieren, um mit dem Klick-Takt der Online-Welt Schritt zu halten. Statt Orientierung zu bieten und Vertrauen in die Qualität der Information zu schaffen, stehen sie oft im Wettbewerb mit Schreihälsen und Voyeuren, während die wirtschaftliche Basis ihrer Verlage weiter schrumpft.

Die Sehnsucht nach Orientierung in einer immer komplexeren Informationswelt bietet auch den Verschwörungsanhängern ein dankbares Feld. Das unschöne und historisch belastete Wort »Lügenpresse« feiert ein Comeback.

»Gekaufte Journalisten« sind es angeblich, die verschleiert die Interessen der Mächtigen vertreten und nur so tun, als würden sie den Bürger über alle Fakten informieren. So sehr Kritik auch an Journalisten berechtigt sein kann – die Vereinnahmung von Journalisten als »gekauft« behauptet im Umkehrschluss, es gäbe eine tatsächliche Wahrheit. Mich beschleicht dabei das Gefühl, hier sind Bauernfänger am Werk. Selbst wenn es so wäre: Die, die »ihre Wahrheit« behaupten, weil sie andere der Lüge bezichtigen, müssen erklären, wer von »ihrer Wahrheit« profitiert und was ihre Interessen sind. Sie helfen nicht wirklich weiter, die Herausforderungen des 21. Jahrhunderts anzugehen, wenn sie ihre Kritik an Berichterstattung als »Lüge« bezeichnen. Sie schaffen nur mehr Verunsicherung und Ratlosigkeit.

Wo ist der Weg aus dem Dilemma, wie geht es weiter? Für mich ist es gerade das Scheitern in der Vergangenheit, das mir hilft, die Kriterien für die heutigen Medien besser zu definieren, meine Sinne zu schärfen und einen Pfad zu entdecken. Es ist ein Schritt zurück, ein Blick aus der Distanz, der mich zu Antworten führt. Bald 30 Jahre ist es her, dass ich in einem Land gelebt habe, in dem es keine freie Presse gab. Die publizistische Leistung der größten Tageszeitung der DDR war beneidenswert einfach zu messen: Wie oft passt der Staatsratsvorsitzende ins Blatt? 41 Mal mit Foto, so meine ungefähre Erinnerung, war die Höchstleistung.

Man konnte die Tageszeitung »Neues Deutschland« am Kiosk kaufen oder abonnieren, aber eine Zeitung war das Blatt deshalb nicht. Es war das Organ des Zentralkomitees der Sozialistischen Einheitspartei Deutschlands. Und es war nicht einmal beschämt darüber. Es trug diesen Titel ganz oben auf der ersten Seite. Jeden Tag. Und jeden Tag ging es darum, die Überlegenheit des Sozialismus dem Volk nahezubringen. Jede Nachricht ein Knaller:

»98,85 Prozent stimmten für die Kandidaten der Nationalen Front.«

»Für Frieden und gegen Imperialismus.«

»Der Sozialismus erobert die Herzen der Massen.«

Die DDR, in der ich lebte, hatte allerdings mit dem gedruckten Wort nichts zu tun. Das Abbild der Realität, die Wahrheit nach Dudendefinition, war – was alle wussten – in der Presse nicht zu finden. Im Gegenteil. Es war klar, dass die Presse eine vorab von der Partei bestimmte idealisierte und ideologisierte Version der Realität zu zeigen hatte. »Die Lehre von Karl Marx ist allmächtig, weil sie wahr ist.« Dieses Lenin-Zitat war die DDR-Version der Wahrheitsdefinition. Wahr war, was wahr sein sollte. Die Presse lebte ergo in einer Welt totaler politischer Propaganda. Die Menschen aber verbrachten ihren Alltag in der realen Welt, die mit der offiziell dargestellten wenig zu tun hatte. Diese Zweiteilung war die selten ausgesprochene Realität.

Die Presse in der DDR war ein verlogenes Theater. Radio und Fernsehen waren noch unerträglicher im Verbreiten der SED-Propaganda. Die DDR war ein Land, in dem alles von der Partei kontrolliert wurde. Das ganze Volk war schließlich hinter einer Mauer eingesperrt. 40 Jahre lang wurde es so entmündigt, um den Machtanspruch einer Partei, der Sozialistischen Einheitspartei Deutschlands (SED), durchzusetzen. Zwei Generationen lang haben Menschen dieses Land konkret erlebt. Die fehlende Informationsfreiheit, die Kontrolle der Mächtigen über das, was gesagt und gezeigt werden durfte, war ein wichtiges Instrument der Beschneidung der Freiheit.

Diese tiefe Schizophrenie im Alltag der kommunistischen Diktaturen Osteuropas wird von Vaclav Havel 1978 wundervoll auf den Punkt gebracht. In seinem Essay »Versuch, in der Wahrheit zu leben. Von der Macht der Ohnmächtigen« beschreibt er die alltägliche Lüge, in der die Menschen lebten. Sie beugten sich den Vorgaben der kommunistischen Partei, obwohl sie großenteils nicht davon überzeugt waren. Havel beschreibt die Kraft, die daraus entstand, sich von der Lüge freizumachen, indem man sich den Zumutungen und der Bevormundung durch die Partei widersetzte. Das war das Leben »in der Wahrheit«: der Übereinstimmung zwischen dem Denken und Handeln des eigenen Ich.

Dieser Kompass für das eigene Leben führte in einer diktatorischen Gesellschaft unweigerlich zum Konflikt, zu Haft, Ausbürgerung – oder Umsturz. Dieser Essay war für uns in der DDR damals eine Ermutigung. Die gemeinsame Erfahrung des Lebens in einer kommunistischen Diktatur auszutauschen und sich bewusst zu werden, was die Zugeständnisse, die Anpassung an das Verlangte eigentlich waren: eine tägliche Lebenslüge, die uns alle vergiftete – das hat einen kleinen Zirkel an Menschen tief berührt und verändert. Und doch hatten viele lange nicht den Mut, sich zu lösen. Dafür war unter anderem auch das wahrheitsgemäße Berichten über die Realität vonnöten.

Wie wichtig es war, das wirkliche Abbild der Realität möglichst vielen Menschen zu vermitteln, das wurde mir in den späten 80er Jahren deutlich, als es uns DDR-Oppositionellen gelang, unzensierte Bilder aus dem Alltag der DDR im West-Fernsehen zu zeigen. Die Zerstörung der Umwelt, die sauren Wälder, der Verfall der Altstädte. Das, was im Fernsehen der DDR nie Platz fand, das wurde in der ARD und im ZDF ausgestrahlt. Die Wirkung, die es gerade in der DDR hatte, ein reales Bild des eigenen Lebens vorgehalten zu bekommen, ist nicht zu unterschätzen. Viele Bekannte in der DDR haben in Reaktion auf die Fernsehbilder beispielsweise vom Verfall Leipzigs mit Erschrecken reagiert. »Ich lebe zwar hier, aber ich habe mich schon so daran gewöhnt. Das im Fernsehen zu sehen, hat mich schockiert. So darf man doch seine Bürger nicht behandeln.« Das sagte eine Bekannte, es klingt mir noch heute im Ohr. Die Betrachtung von außen, die Distanz, die Vermittlung von Fakten und Bildern, sie eröffnet Raum für eine eigene, neue Einschätzung der Dinge.

Die Berichterstattung von West-Korrespondenten in der DDR war eine weitere besondere Herausforderung. Der politischen Situation in zwei deutschen Staaten geschuldet, war sie ein Test für das journalistische Handwerk und die journalistische Ethik. Unter den Bedingungen einer kontrollierten Presse und der staatlichen Kontrolle auch der ausländischen Reporter war es nie einfach, unabhängig und wahrheitsgemäß zu berichten. Wie konnte man die von der DDR gewünschte Version der Berichterstattung vermeiden? Wie konnte man unter den Bedingungen der SED-Diktatur zuverlässige Quellen finden? Welche Geschichten konnte man berichten und wie konnte man das tun, ohne denen zu schaden, über die man schrieb? Und wie wandelte man auf dem schmalen Grad zwischen offizieller Kontrolle und dem Prinzip journalistischer Unabhängigkeit? Nicht selten konnte die Korrespondententätigkeit an sich gefährdet werden durch die Geschichten, die man berichtete. Nicht wenige Journalisten wurden des Landes verwiesen oder erhielten Einreisesperren, weil die unabhängige Berichterstattung das staatlich kontrollierte Bild konterkarierte.

Ihre Rolle zwischen den Systemen haben etliche Korrespondenten aber auch aktiv genutzt, um die Veränderungen in der DDR zu befördern. Sie haben das Risiko auf sich genommen, Informationen aus der Opposition und für die Opposition als Kurier zwischen Ost und West zu transportieren. Nur so konnten Bilder aus Leipzig im West-Fernsehen landen. Lange vor den atemberaubenden Ereignissen der Friedlichen Revolution 1989 und der Vereinigung 1990 haben Journalisten über die DDR berichtet. Sie haben der Opposition eine Stimme gegeben und zusätzlich den Informationsaustausch der Opposition mitorganisiert und so dazu beigetragen, dass ein wahrhaftiges Bild der Zustände entstand, das allen zugänglich wurde.

Die Rolle der freien Information war zentral für den Prozess, der die Diktatur am Ende zusammenbrechen ließ. Als die SED die Kontrolle über die Information verlor, verloren auch die Bürger ihre Angst und gingen auf die Straße. Bis die Mauer fiel. Glasklar war der Kontrollverlust über die Information an jenem 9. November 1989 vor internationalen Fernsehkameras zu sehen, als Günter Schabowski, SED-Politbüromitglied, stotternd den Fall der Mauer bekanntgab: »Äh, nach meiner Kenntnis ist das, sofort ... also ... unverzüglich.« Dieser Moment steht für vieles, was die Überwindung der Diktatur ausmacht: Kontrollverlust über die Bürger, die Grenze und die Information. Dass die Bürger sich dann das Recht auf die Daten erkämpften, die die Stasi rechtsstaatswidrig über sie angelegt hatte, das ist eine besondere Leistung der Friedlichen Revolution. Die

Stasi-Unterlagen erzählen vom Alltag in der Diktatur, vom Funktionieren des Repressionsapparats und auch vom Widerstand dagegen. Sie bilden nicht »die« Wahrheit ab, aber sie sind authentische Arbeitsdokumente der Geheimpolizei, die uns eine wichtige Quelle sind zur Aufarbeitung der Diktatur.

Der Blick auf die DDR ist so für mich eine brennende Erinnerung an die Notwendigkeit der freien Information für die Demokratie. Wenn die Mächtigen kontrollieren, was Bürger wissen dürfen, dann ist das das Gegenteil von Demokratie. Mit Hilfe einer freien Presse kontrollieren die Bürger die Mächtigen. Freie Information befähigt zur Teilhabe am Gemeinwesen. Sie zwingt die Machthabenden zur Rechenschaft. So kann man Demokratie gestalten.

Es braucht kundige und mutige Journalisten, die ihr Berufsverständnis nicht einfach nur an dem messen, was »meistgelesen« ist. Es braucht Journalisten, die berichten, was Sache ist, was Wahrheit ist, ungeachtet von politischen und wirtschaftlichen Zwängen, weil das für die Freiheit aller unverzichtbar ist. Das ist das Ideal, deutlich präzisiert in der Spiegelung einer undemokratischen Vergangenheit: Die zensierte und kontrollierte Presse, der Alltag der Lüge, das Leben in Unwahrheit zeigen deutlich, worauf es ankommt.

Allerdings gibt es heute eine fundamentale Veränderung, die vieles in den alten Gleichungen verrückt. Mit der allumfassenden, globalen Digitalisierung von Information hat eine neue Zeitrechnung begonnen. Wir produzieren, nutzen und speichern heute in einem kaum begreifbaren Ausmaß Daten und Informationen. Die Freiheit der Information ist somit mehr als gewährleistet. Wir können jedoch die Flut der Information nicht mehr bewältigen. Wir konnten es noch nie. Aber nun ist nicht einmal mehr die Illusion, dass der Ausschnitt an Informationen, den wir uns aussuchen, ausreicht, aufrechtzuerhalten. Es gibt von allem viel zu viel und der Zugang zu allem ist auch noch jederzeit möglich. Wer also gibt mir Orientierung? Wer führt mich zu den Informationen, die jeder Bürger für die Teilhabe am Gemeinwesen braucht, für die Kontrolle der Mächtigen, die Organisation des Alltags?

Digitale Medienkonzerne haben heute eine enorme Kontrolle darüber, wie Bürger zu welchen Informationen gelangen. Information wird nicht zensiert oder vorenthalten. Aber der Weg zur Information wird von wirtschaftlichen Interessen vorbestimmt. Das ist die eigentliche Herausforderung unserer Zeit. Wie finde ich den Weg zur umfassenden Information im digitalen Dschungel? Wem traue ich bei der Abbildung von Realität? Wer gibt mir ausreichend Informationen, damit ich mir wirklich ein Bild machen kann von dem, was in der Gesellschaft passiert?

In einer Zeit, in der die Prognosen für die Zukunft der gedruckten Zeitung nicht rosig sind und in der die von Journalisten verfassten Berichte in der Flut digitaler Informationsangebote deutlich zur Minderheit werden, ist die Erinnerung an die Fehler der Vergangenheit ein hilfreicher Kompass, um zu sehen, worauf es ankommt. Die Freiheit der Information ist eine der wichtigsten Säulen einer Demokratie. Wahrheitsgemäße und unabhängige Berichterstattung zu gewährleisten, das ist und bleibt eine große Herausforderung an unsere Gesellschaft.

Von mutigen Unwissenden und ängstlichen Wissenden

von Jörg Armbruster

»Angst?« Die Frage kommt immer wieder. »Haben Sie schon einmal Angst gehabt bei Ihren Einsätzen?« Meine Antwort: »Ja natürlich. Ziemlich viel und ziemlich oft sogar.« Die Zuschauer blicken zufrieden nach dieser Auskunft. Der Reporter, der da vorne steht und über seine Arbeit in Kriegs- und Krisengebieten erzählt, hat schon Angst gehabt. Gott sei Dank. Das macht ihn irgendwie menschlicher, sympathischer. Ein bisschen Schwäche zeigen! Nicht den starken Mann markieren! Das kommt gut an dieser Tage!

Dabei hat Angst seit jeher eigentlich einen eher schlechten Ruf. Angst hat man nicht, und wenn doch, dann zeigt man sie nicht, gibt sie nicht zu. Außer Frauen. Die dürfen Angst zeigen, sollen es vielleicht sogar. Manche Männer glauben, so viel besser ihren Mut demonstrieren zu können. Das Gefühl, gelähmt und erstarrt zu sein, nicht handeln können, dieses Gefühl dagegen kaschieren Männer lieber. Wer Angst zeigt, ist ein Weichei. Die Umgangssprache hat so griffige wie auch diffamierende Wörter für einen solchen Mann parat. Sie nennt ihn »Angsthasen«, »Schwächling«

oder »Waschlappen«, und wer will das schon sein. Statt ein ehrliches Schreckensgesichts zu zeigen, hält man sich lieber eine grimmige, Mut suggerierende Maske vor und hofft, diesen Anfall mit einer solchen Vermummung tarnen zu können: »Keiner darf mich schwach sehen.«

»Das war doch nichts verglichen mit dem, was ich in Sarajewo erlebt habe«, verkünden einige Kriegsreporter gerne nach einem heil überstandenen Granatangriff. Lässig, markig, die Stimme leicht angehoben, damit es auch keiner überhört, vielleicht noch nach der hübschen Kollegin schielend. Zwar betont er, dieser Krieg ginge ihm »am Arsch vorbei«. Tatsächlich war ihm derselbe eine halbe Stunde früher noch auf Grundeis gegangen. Das aber sollte niemand wissen, auch nicht, wie es in seiner Unterhose aussieht.

Ist Angst demnach eine Sache von Flaschen, daher keine Eigenschaft von Krisenreportern, die bekanntlich weder Tod noch Teufel fürchten? Oder umgekehrt? Sind die wahren Helden vielleicht doch die, die sich eingestehen, bei ihren Einsätzen in Syrien, Libyen oder an anderen Krisenschauplätzen auch Angst erlebt zu haben, und eben nicht die, die behaupten, den Schrecken des Krieges zu brauchen »wie die Luft zum Atmen«, wie mir ein Kollege einmal allen Ernstes erklärt hat? Es war kurz vor dem Beginn des US-Krieges gegen Saddam Hussein im Frühjahr 2003 und ich hatte zusammen mit meinem Sender beschlossen, die Stadt zu verlassen. »Ich lebe auf, wenn um mich herum die Bomben fallen«, sagte dieser Kollege mir mit leuchtenden Augen und leichtem Spott im Blick. »Ich brauche das. Angst? Das haben andere!«

Falsch, Herr Kollege! Angst ist ein urmenschliches Grundgefühl, das so ziemlich jedem Erdenbewohner zu eigen ist. Ich kenne es aus eigenem Erleben und kann es jedem Reporter in Krisengebieten nur empfehlen. Ein Angstgefühl kann für die Überlebensfähigkeit eines Menschen von entscheidender Bedeutung sein. Ein flaues Gefühl im Magen und heftiges Herzklopfen sind in der Lage, Menschen vor gefährlichen Situationen zu warnen, vielleicht sogar davor zu bewahren, lebensgefährdende Risiken einzugehen. Man muss nur darauf hören. Der italienische Schriftsteller Alberto Moravia schreibt über dieses Gefühl kurz und knapp: »Der Unwissende hat Mut, der Wissende Angst.«

Mit anderen Worten: Wer Informationen sammelt, ehe er sich in ein Kriegsgebiet aufmacht, wer Erkundungen einholt, sich über Gefahren informiert, Bilder Schwerverletzter aus diesem Gebiet ansieht, die Ahnung, selber zu Schaden kommen zu können, nicht verdrängt, wer sich Fluchtwege offenhält, wer mit Heckenschützen rechnet, der sammelt automatisch auch gute Gründe, warum er dieses Gebiet vielleicht doch besser meiden sollte. Und wenn er dann trotz dieser guten Gründe geht, wird er unter Umständen schon auf dem Weg dorthin spüren, wie eine unerwünschte Empfindung an ihn heranschleicht, die ihn zu lähmen droht. Dieses Gefühl stellt die Frage: »Warum mache ich das eigentlich?« Oder noch direkter: »Lebe ich in einer Woche noch? Bin ich dann vielleicht schwer verletzt?« Diese Fragen, auch wenn er sie gar nicht hören will, werden an ihm kleben bleiben und ihn vielleicht die ganze Reise über begleiten. Wer aber all diese Informationen nicht sammelt, warum auch immer, wer lieber zur Moravia-Fraktion der Unwissenden gehört, um sich nicht zu belasten, der hat vielleicht keine Angst – allerdings nur darum, weil er keine Ahnung hat. So arbeitet er höchst gefährdet in solchen Krisengebieten. Dann also doch lieber zu Moravias Wissenden gehören!

Aber Angst, was ist das eigentlich? Wikipedia scheibt über die Wortherkunft: »Der Begriff Angst hat sich seit dem 8. Jahrhundert von indogermanisch *anghu* »beengend« über althochdeutsch *angust* entwickelt. Er ist verwandt mit lateinisch *angustus* bzw. *angustia* für »Enge, Beengung, Bedrängnis« (siehe auch Angina) und *angor* »Würgen«. Für die, die es seriöser wollen, definiert die Deutsche Enzyklopädie: »Angst (urverwandt mit dem lateinischen Wort *angustus*: eng), allgemein eine Stimmung oder ein Gefühl der Beengtheit, Beklemmung und Bedrohung vor einer drohenden Gefahr, die mit einer Verminderung oder Aufhebung der willens- und verstandesmäßigen Steuerung der eigenen Persönlichkeit einhergeht.«

Seit über 1300 Jahren nennen wir in unseren Breiten also alles, was uns beengt und bedrängt, was uns paralysiert, alles Bedrohliche, auch wenn es sich nur in der Phantasie abspielt, schlicht Angst. Sie kann ein »würgendes Gefühl im Hals« auslösen, den »Brustkorb einschnüren«, schlimmstenfalls den ganzen Menschen lähmen und handlungsunfähig machen. Blässe, Schweißausbrüche, Zittern, Herzklopfen, Blutdruckanstieg, sogar Durchfall zählen Psychologen zu den typischen vegetativen Angstsymptomen. Angst – ein globales Gefühl, dessen Wortgeschichte einen globalen Begriff geschaffen hat. Schon die alten römischen Legionäre wurden am Ende von *angustus*, also von Angst gepeinigt, wenn sie in einem ihrer vielen Kriege in einen Hinterhalt gerieten, es *angustus*, also eng wurde.

Und eng kann es für Reporter, die aus Kriegs- oder Krisengebieten berichten müssen, allemal werden. Ich erinnere mich an die letzten Wochen vor dem angekündigten Krieg der USA gegen den Irak. Anfang 2003 war das. Als ARD-Korrespondent hatte ich schon seit Monaten aus Bagdad berichtet. Damals kurz vor Beginn der Kampfhandlungen gab sich die deutsche Vertretung in Bagdad alle Mühe, eine beängstigende Drohkulisse aufzubauen. Riesige Bomben spielten dabei eine wichtige Rolle. Bunkerbrecher. Man könne nicht ausschließen, dass die Amerikaner sogar gezielt taktische Atombomben einsetzen werden, um unterirdische Führungsbunker zu knacken. Ja, damit sei eigentlich zu rechnen. Um Saddam Hussein zu jagen, sei ihnen jedes Mittel recht, so der deutsche Vertreter in Bagdad. Seine Zuhörer damals: deutschsprachige Korrespondenten in einem nervösen Vorkriegsbagdad. Etliche von ihnen wissen nicht, ob sie bleiben oder vor Beginn des Krieges ausreisen sollen. Der deutsche Vertreter hat nur eines im Sinn: so viele der Reporter zur Ausreise zu überreden wie möglich. Und Angst machen war da eben ein probates Mittel.

Auch die irakische Propaganda hatte damals kurz vor dem Krieg an Schärfe zugenommen. Die allmächtige Baath-Partei befahl den Irakern Familienbunker zu bauen und Lebensmittelvorräte anzulegen. Fast täglich gab es Großdemonstrationen: »Bush und Blair sind Mörder. Unser Blut und unser Leben geben wir Dir, Saddam«, schrien die Einpeitscher, und die Masse der Demonstranten röhrte zurück: »Wir wollen für Dich sterben, Saddam.« Jeden Tag wurde der Ton aggressiver – auch oder gerade gegenüber in Bagdad arbeitenden Ausländern. »Wenn die Amerikaner nach Bagdad kommen, wird die Stadt zu ihrem Grab«, so die offizielle Propaganda: »Spätestens in den schmalen Gassen der Stadt werden wir sie jagen.« Nicht wenige Iraker glaubten daran. Nicht wenigen ausländischen Reportern machte ein solches Szenario schlicht Angst. Auch mir.

Häuserkampf! Das war das Stichwort für den deutschen Missionschef in Bagdad. Der sei unvermeidbar, verkündet er seinen Gästen bei jedem dieser Treffen. Und wie werden die Iraker reagieren? Sie werden Ausländer als menschliche Schutzschilde vor sich hertreiben. Giftgas? Natürlich Giftgas! Das könne man schließlich auch in einer Stadt einsetzen. Rücksicht auf die eigene Bevölkerung habe Saddam noch nie genommen. Ihm sei jedes Mittel recht.

Die Wucht solcher Bilder und die Ankündigung, der Irak werde sich mit seinen irgendwo versteckten Massenvernichtungswaffen wehren, machten damals viele der Reporter hilflos. Auch mich. Das sollten sie wohl auch. Demnächst also in den Krieg oder doch lieber in die sichere jordanische Hauptstadt Amman? Das war die Entscheidung, die wir damals treffen mussten.

Zu unseren Vorbereitungen hatten auch Kurse bei der Bundeswehr gehört: unter anderem eine drei Tage dauernde Einweisung in die Schrecken eines Krieges, der mit atomaren, biologischen oder chemischen Waffen geführt wird. Wir hatten uns Bilder von Giftgasopfern ansehen müssen, hatten in ABC-Schutzanzügen trainiert und in Sekundenschnelle Gasmasken über den Kopf streifen müssen. »Nur wer schnell ist, hat eine Überlebenschance«, so ein Ausbilder. Das einhellige Fazit der Kursteilnehmer: Letztendlich verlängern diese Schutzanzüge nur ein grauenvolles Sterben, wenn man nicht rasch Zugang zu Ärzten hat. Und hätten wir den im Irak gehabt? Sicher nicht.

Als wir im Januar 2003 in den Irak zurückkehrten, gehörten sieben neue Schutzanzüge zu unserem Gepäck einschließlich der Masken und der Atropinspritzen, die angeblich helfen sollen. Und wie kommentierte der Botschaftsvertreter diese Vorsorge? »Die Iraker werden als Allererstes Euch diese Anzüge abnehmen. Die brauchen sie für sich selbst.« Sein fürsorglicher Feldzug der wohlmeinenden Verunsicherung hinterließ weitere Spuren. Dass später nichts davon eintrat, das konnte damals keiner ahnen. Für die Schutzanzüge interessierten sich die Iraker überhaupt nicht. Warum auch? Sie hatte ja keine Chemie- oder Biowaffen. Doch hinterher ist man eben immer schlauer als vorher. Vor Kriegsbeginn hatte die Vorstellung, in einen solchen Angriff hineinzugeraten, bei einigen Reportern regelrecht Panik ausgelöst. Auch bei mir.

Also entschieden wir uns gegen Bagdad für Amman und überließen Reporterruhm und Korrespondentenehrung einem erfahrenen Kriegsberichterstatter. Nach drei Wochen: Waffenstillstand und Rückkehr nach Bagdad. Dass der Krieg nach der »Mission-Accomplished-Show«, die US-Präsident Bush am 1. Mai 2003 fernsehgerecht auf einem Flugzeugträger inszeniert hatte, erst richtig losging, das konnten wir damals vielleicht ahnen, aber nicht mit Sicherheit wissen: ein Krieg, in dem der Korrespondent vor Ort fast täglich über Selbstmordanschläge und Autobomben berichten musste, über heimtückische Entführungen auch von Journalisten, über nicht enden wollende Kämpfe zwischen amerikanischen Truppen und irakischen Aufständischen, über die sich immer mehr radikalisierende Untergrundarmee irakischer Widerstandskämpfer und Djihadisten und über Al-Qaida-Terroristen, die schon damals Geiseln köpften und von dieser Barbarei auch noch im Internet Videos verbreiteten. Und das monatelang. Irak sollte nicht das letzte Kriegsgebiet sein, aus dem der Korrespondent berichten musste. Der Jemen gehörte dazu oder später dann Libyen. Die Terrasse des Journalistenhotels Corinthia in Tripolis wurde genau in dem Augenblick von Gaddafi-Anhängern beschossen, als sich dort Reporter für Life-Schaltungen mit ihren Heimatsendern aufgebaut hatten. Oder ganz am Ende eben Aleppo.

Angst in dieser Zeit? Ja sicher! Wenn nur ein paar hundert Meter von einem entfernt eine Autobombe explodiert, wenn man in einen Schusswechsel gerät, wenn man sich in der irakischen Djihadistenhochburg Falludscha mit schwer bewaffneten Aufständischen trifft, die auch noch einen Sprenggürtel um den Bauch geschnallt haben, dann darf der Atem schon mal stocken und es dürfen sich auf der Stirn Schweißperlen bilden. »Angst«, so schreibt der russische Schriftsteller Maxim Gorki, »Angst ist für die Seele genauso gesund wie ein Bad für den Körper«. Angst also als Katharsis, als Reinigung der Psyche. Das aber funktioniert nur, wenn man sie auch zulässt, die Angst.

Warum reisen Journalisten in Kriegs- und Krisengebiete? Sicher, diese Reisen sind Teil der Arbeit eines Korrespondenten. Das ist die Pflicht. Es gibt aber noch einen anderen Grund, die Kür gewissermaßen.

Wenn es kracht in solchen Gebieten, dann mag sich Angstschweiß auf der Stirn sammeln, gleichzeitig löst die Explosion aber auch einen Adrenalinstoß aus, der Beklemmung in Ekstase umwandelt und regelrecht high machen kann. Mut und Angst liegen manchmal nur ein paar Atemzüge auseinander. Angst im Bauch, Adrenalin im Blut. Das könnte es sein! Allerdings: Als Kriegs- oder Krisenreporter hatte ich mich nie verstanden, sondern einfach als Nahost-

Korrespondent, der lieber über andere Dinge berichtet als über Krieg.

Man muss sich jedoch auch fragen, ob ein solches Schreckensgefühl nicht ein Luxusproblem westlicher Reporter ist, die aus geschützten Häfen in aufgewühltes Wasser fahren, und zwar freiwillig. Niemand zwingt sie. Anders dagegen ist es bei jenen Menschen, die ihr Leben lang nichts anderes kennen als schweres Gewässer und die keine Chance haben, ihm zu entkommen. Menschenrechtsanwälte leben so in den meisten Ländern des Nahen Ostens. Ebenso solche Bürger, die sich gegen die Autokraten dieser Länder stellen. Ein Oppositioneller in Ägypten etwa kennt tausend Gründe, warum er Angst hat, darf aber um keinen Preis ängstlich sein. Im Gegenteil: Er muss seine Angst überwinden, andernfalls liefert er sich dem Regime aus; denn Einschüchterung gehört zu dessen Strategie. Nehmen wir zum Beispiel Manal al Tibi, eine nubische Menschenrechtsanwältin und Frauenrechtlerin in Ägypten, die sich bislang mit allen Präsidenten ihres Landes angelegt hat.

Ich lernte Manal al Tibi 2012 in Kairo kennen, als sie im Verfassungskomitee »Freiheit und Recht« an der Ausarbeitung einer neuen Verfassung mitgearbeitet hat, dann aber die Brocken hinwarf. Der Moslembruder Moursi war damals gerade drei Monate als Präsident im Amt und geriet immer mehr in den Verdacht, alles andere als ein in der Wolle gefärbter Demokrat zu sein. Laut protestierend hatte Manal ihre Mitgliedschaft in der Verfassungsversammlung aufgekündigt. Die Mehrheit aus Moslembrüdern und Salafisten im Gremium haute sich begeistert auf die Schenkel und lachte sie aus. Schadenfreude pur. Der Grund: Mit viel Mühe hatte sie einen Artikel mehrheitsfähig gemacht, der in der Verfassung das Heiratsalter von Mädchen auf mindestens 18 Jahre festschreiben sollte. Eine Woche lang hatten damals die Salafisten gegen diesen Artikel gewütet, dann waren sie am Ziel, der Artikel wurde wieder gestrichen; der Prophet habe schließlich auch eine Neunjährige geheiratet, also verstoße ein solches Verbot gegen die Scharia. So die Logik dieser Salafisten, der sich die Moslembrüder anschlossen. Manal explodierte mitten in der von Männern und Islamisten dominierten Versammlung und zog ab. Auch zu einer solchen Entscheidung gehört Mut.

Die Rechtsanwältin Manal ist eine sehr resolute Frau, sie kann nerven, wenn sie sich im Recht fühlt. Sie kämpft mit viel Mut gegen die ägyptische Männerwelt und hat deswegen auch schon herbe Rückschläge einstecken müssen. Doch sie gibt bis heute nicht auf und setzt sich für die Rechte von Frauen und Minderheiten in Ägypten ein – zum Beispiel für die der Nubier in Oberägypten, von denen viele seit dem Bau des großen Assuan-Staudamms heimatlos geworden sind. Schon zu Mubaraks Zeiten hatte sie den Richtern das Leben schwergemacht mit ihrer Beharrlichkeit ohne Furcht und Tadel. Die Revolution im Januar 2011 erlebte sie auf dem Tahrirplatz. »Wo sonst?« Als sie im September 2012 die Verfassungsversammlung unter Protest verließ, triumphierten die Männer. »Es wird einfacher ohne Sie«, riefen sie ihr nach.

Für Manal stand damals fest, dass die islamistische Mehrheit aus Moslembrüdern und Salafisten aus Ägypten einen Staat machen wollte, in dem Politik und Religion unheilvoll eng ineinander verflochten sind. Es werde Bürger erster und zweiter Klasse geben, erklärte sie mir damals – nämlich Muslime und Angehörige anderer Religionen, außerdem privilegierte Männer und benachteiligte Frauen. Grund genug für sie, dagegen Sturm zu laufen. Die Salafisten hatten zum Beispiel verlangt, man solle Frauen das Arbeiten verbieten, weil sie am Arbeitsplatz anderen Männer begegnen könnten, und als Präsident zu kandidieren, das käme für Frauen schon gar nicht infrage. Die Ende 2012 verabschiedete Verfassung der Islamisten sah eine Gleichstellung von Mann und Frau überhaupt nicht mehr vor. Stattdessen verlangte ein Artikel, jede berufstätige Frau habe die Pflicht, sorgfältig zwischen Familie und Arbeit abzuwägen und sich erst dann zu entscheiden, für Männer war eine ähnliche Pflicht nicht vorgesehen. Manal kämpfte gegen solche und ähnliche Verfassungsvorschriften. Vergeblich. Männerspott war ihr damals sicher, auch von denen, die Ähnliches wie sie wollten. Regelmäßig fand sie Drohmails in ihrem E-Mail-Account. Männer beschimpften sie als Hure, als Ungläubige und drohten ihr mit Vergewaltigung. Eine Frau auf den Barrikaden hatte es bis dahin äußerst selten gegeben im Land am Nil. Sie hätte also allen Grund gehabt, Angst zu haben. Doch sie ließ sich den Schneid nicht abkaufen, den Mut nicht nehmen, sogar ihre Karriere als Fernsehmoderatorin hat sie dafür geopfert.

Auch dem aktuellen Präsidenten macht sie das Regieren nicht eben leicht, obwohl der noch viel härter gegen Oppositionelle vorgeht als seine Amtsvorgänger. Ägyptische Gerichte machen kurze Prozesse mit Al-Sisi-Gegnern. Todesurteile werden am Fließband gefällt, hohe Gefängnisstrafen sind an der Tagesordnung – sogar gegen Jugendliche unter 18 Jahren. Im November 2014 bekam Manal so etwas wie eine letzte Warnung verpasst. Die Kairoer Staatsanwaltschaft schickte ihr vier Polizisten ins Haus – mit Hausdurchsuchungsbefehl, damit alles seine Ordnung hat. Die überfallartige Razzia sollte signalisieren: »Halte in Zukunft lieber deinen Mund!« Die vier Beamten stellten mal eben ihre Wohnung auf den Kopf, zogen dann aber wieder ab, wobei sie offenbar auch noch Wertsachen mitgehen ließen.

Manal – beileibe kein Einzelfall in Al-Sisi-Land. Liberale, Sozialdemokraten oder Moslembrüder. Alle sind bedroht. Die wenigsten bekommen eine letzte Warnung, die meisten wandern sofort ins Gefängnis, wenn sie sich als Oppositionelle zu erkennen geben. Mit anderen Worten: Wer gegen al Sisi protestiert, muss mit allem rechnen. Ängstlich darf er oder sie jedenfalls nicht sein, man lebt gefährlich.

Dass er Angst kennt, hat mir nicht nur einer der vielen Oppositionellen in Kairo gelegentlich eingestanden. Angst vor Verhaftung, vor Polizeifolter, Angst vor Willkürprozessen, davor, dass die eigene Familie in Not gerät, die Kinder in der Schule gedemütigt werden, wenn das Familienoberhaupt im Gefängnis sitzt und sie nicht mehr ernähren kann. Und dann die Qual, nicht zu wissen, wie lange man inhaftiert sein wird, was einem blüht. All das führe zu Schlaflosigkeit, zu Schweißausbrüchen, sogar zu Panikattacken. »Genau das wollen sie erreichen«, sagte er mir. Aber er sei nicht bereit aufzugeben. Daher sei es für ihn überlebenswichtig, diese Angst zu beherrschen und seine Familie dabei mitzunehmen. Alles andere wäre ausgeschlossen. Das sei auch eine Frage der Selbstachtung.

Von solchem Mut – aus existenzieller Angst geboren – kann sich so mancher hartgesottene Krachmacher unter den Kriegsreportern ruhig ein paar Scheiben abschneiden.

Wie Familiengeschichte beim Verständnis für Flüchtlinge hilft

von Bettina Rühl

Im Gleisbett hockt ein Mädchen, lässt Wasser inmitten von Menschen. Fast zum Greifen nah der Güterwaggon, mit dem es hergekommen ist. Das Mädchen schämt sich, weil es zwischen den fremden Menschen hockt, aber seine Angst ist noch größer als seine Scham. »Der Zug wird ohne Ankündigung weiterfahren«, hat die Mutter gewarnt. »Wenn du nicht rechtzeitig aufspringst, bleibst du alleine zurück.«

Der Güterzug hat irgendwo in den ostpreußischen Weiten auf freier Strecke gehalten. Der Wind ist eisig, ein Januartag im Jahr 1945. Die Mutter hat dem Mädchen noch etwas gesagt, und sie wird diesen Satz ihr Leben lang wiederholen, bis sie sechs Jahrzehnte später in einem weichen Bett in Westdeutschland stirbt: »Der Mensch kann alles zurücklassen, nur eine warme Bettdecke nicht.«

Diese Szenen und Sätze sind Erinnerungen meiner Mutter, die im Januar 1945 kaum acht Jahre alt war. So oft haben sie und ihre Familie diese Erinnerungen erzählt, dass sie in gewisser Weise auch meine wurden. Ich bin groß geworden mit Geschichten von der Flucht meiner Familie aus Königsberg nach Westdeutschland, die sich über Jahre hinzog. Andererseits fingen diese Erzählungen so früh in meinem Leben an, dass ich ihrer überdrüssig war, noch ehe ich den ersten Satz davon wirklich verstand. Ich hörte nur noch zu, wenn von »Elster« die Rede war, der Trakehnerstute, mit der die Schwester meiner Großmutter von ihrem Gut in Ostpreußen floh. Nach Tagen des Planens und Packens hatte die Gutsherrin zugesehen, wie die Fuhrwerke mit ihren Angehörigen, einigen Flüchtlingen und dem, was an Besitz sich mitnehmen ließ, aus ihrem Blickfeld verschwanden. Dann hatte sie Elster bestiegen und war in der scharfen Winterkälte nach Westen geritten. Dass sie das Pferd, dessen Treue und Ausdauer von der Familie noch Jahre später bei jeder Wiederholung der Geschichte aufs Neue gelobt wurden, nach vielen hundert Kilometern entkräftet zurücklassen musste, hat sich mir eingeprägt.

Von meiner Mutter und ihren vier Geschwistern wurden außerdem die Umsicht und Zähigkeit meiner Großmutter regelmäßig gewürdigt, mit einem nicht erlahmenden Erstaunen. Hochachtung und Verwunderung galten der Tatsache, dass die gutbürgerliche Tochter eines Arztes in der Lage gewesen war, mit fünf kleinen Kindern durch den lebensfeindlichen ostpreußischen Winter zu fliehen. Woher hatte die bis dahin wohlbehütete junge Frau beispielsweise früh genug wissen können, wie überlebenswichtig ein warmes Oberbett ist? Wie war es ihr gelungen, die Abfahrtszeiten der Züge gen Westen in Erfahrung zu bringen? Die Züge fuhren, so wurde in der Familie erzählt, meist spontan, die Zeiten wurden selten öffentlich bekannt. Vermutlich, um einen übermäßigen Ansturm von fliehenden Ostdeutschen zu verhindern, um Tumult und Streit um die viel zu wenigen Plätze in den Güterwaggons zu vermeiden. Ein weiterer Grund für den tiefen Respekt meiner Mutter und ihrer Geschwister vor der Leistung meiner Großmutter auf der Flucht war die Tatsache, dass die Kinder, für deren Überleben sie mit solcher Zähigkeit gekämpft hatte, mehrheitlich nicht ihre eigenen waren. Meine biologische Großmutter war 1938 beim Kochen mit Spiritus tödlich verunglückt. Meine Mutter war damals ein gutes Jahr alt, das jüngste von drei Geschwistern. Die Geschichte von diesem Unfall gehört zu dem Fundus an Erinnerungen, die nicht meine eigenen sind, aber durch die häufige Wiederholung zu etwas Ähnlichem wurden. Mein Großvater suchte ein Jahr nach diesem Unglück eine neue Mutter für seine Kinder und eine neue Frau. Er fand die geschiedene Mutter eines Sohnes, die meine Großmutter wurde. Gemeinsam zeugte das Paar ein weiteres Kind.

Während der Großvater später über die Kriegserlebnisse schwieg und nur – erzählte die Großmutter – bisweilen nachts in seinen Alpträumen schrie, wurde die Großmutter nicht müde, von der Flucht zu erzählen. Geblieben sind mir davon außer vereinzelten Bildern vor allem die Erinnerungen an ständige, zum Teil fast panische Angst. Zum Beispiel davor, alleine zurückzubleiben. Von »den Russen« überrannt und dann vergewaltigt zu werden. Eingeprägt hat sich mir auch die Erinnerung an den immer gegenwärtigen Hunger. Was alles in Ermangelung richtiger Lebensmittel gegessen wurde, nur um das Feuer im Magen zu löschen, habe ich vergessen. Ich glaube aber, unter anderem wurde beim Backen das Mehl mit Sägespänen gestreckt.

Jahrzehnte später wurde mein Interesse für die Geschichte meiner Familie neu geweckt. Kurz nach der Jahrtausendwende stand ich in einem der Flüchtlingslager Afrikas, vielleicht war es im Osten des Kongo. Plötzlich sah ich die Parallele zwischen denen, die hier – im besten Fall – mit einem Wasserkanister, ein paar Töpfen, einem Moskitonetz und einer Plastikplane haushalten mussten, und meiner Familie, vor Jahrzehnten auf der Flucht. Es gibt ein Foto meiner Mutter als junges Mädchen, auf dem sie völlig abgemagert ist. Auf einmal sah ich in den entkräfteten und verelendeten Menschen vor meinen Augen die früheren Herrinnen über Hütten und Hof. Nicht über Gutshöfe, aber doch vermutlich über intakte landwirtschaftliche Betriebe, die für das eigene Überleben und vielleicht die Bildung der Kinder ausreichend Ernte abwarfen.

Ich sah also vor meinem inneren Auge plötzlich das »Vorher«-Bild der Katastrophe, die sich vor meinen Augen abspielte. Gleichzeitig erahnte ich zum ersten Mal das Ausmaß des Elends, in dem sich meine Familie in den Jahren der Flucht nach Westen befand. Denn dass ich die Erzählungen meiner Familie jahrelang nicht verstand und deshalb gelangweilt nicht mehr zuhörte, lag nicht zuletzt daran, dass sich zum Zeitpunkt meiner Geburt alle Familienmitglieder wirtschaftlich längst wieder etabliert hatten. Sie erzählten von der Kälte, vom Hunger, von der Angst und der gelegentlichen Verachtung der Noch-Sesshaften, während sie in komfortablen Sesseln oder vor gefüllten Tellern saßen. Trotz aller Wiederholung wollte mir offensichtlich während meiner Kindheit nicht in den Kopf, dass meine Mutter und Großmutter, der Großvater, die Onkel und Tanten noch vor gar nicht allzu vielen Jahren im Elend gelebt hatten. Es war mir unmöglich, das eine Leben mit dem anderen in Zusammenhang zu bringen. Erst in dem afrikanischen Flüchtlingslager fing ich an zu realisieren, dass durch Flucht und Krieg jeder Mensch jederzeit alles verlieren kann.

Die Parallelen zwischen Europa im 20. Jahrhundert und dem heutigen Afrika gehen womöglich noch weiter. Durch die beiden Weltkriege und ihre immensen und jahrelangen Fluchtbewegungen wurde der ganze Kontinent auf den Kopf gestellt. Flucht hat die heutigen Gesellschaften geprägt, ohne die Kriege wäre Europa grundlegend anders. Darüber hinaus haben die europäischen Flüchtlingsströme nicht nur Europa verändert. Tausende sind vor der nationalsozialistischen Herrschaft auch nach Übersee geflohen. Zurzeit ist Europa etwas zur Ruhe gekommen, Afrika dagegen in Aufruhr und Bewegung. Die Menschen sind auf der Flucht vor dem Krieg und vor der Armut. Auch in Europa hat sich das vermutlich immer gemischt. Meine Familie ist vor »den Russen« wohl nicht nur aus Angst vor politischer Unterdrückung geflohen. Sondern auch, weil sie annahm, in der sozialistischen UdSSR wirtschaftlich nicht prosperieren zu können. Die Freiheit, die sie im Westen suchte, war auch eine wirtschaftliche. Meine Familie hat sie zu nutzen gewusst, hat durch Bildung und Leistungsbereitschaft sehr schnell neuen Wohlstand aufgebaut. Den verdankt sie aber nicht nur ihrer eigenen Leistung, sondern auch einem günstigen wirtschaftlichen Umfeld. Bekanntermaßen erholte sich Westdeutschland nach dem Krieg wirtschaftlich schnell, von den USA im Rahmen des »Marshallplans« großzügig unterstützt. Dass diese Wirtschaftshilfe nicht humanitär motiviert war, sondern politisch – es ging ja darum, Westdeutschland im »Kalten Krieg« an die Seite des Westens zu bringen –, war den Empfängern der Hilfe sehr wahrscheinlich egal. Und vermutlich hat der beginnende Wohlstand die deutsche Nachkriegsgesellschaft tatsächlich befriedet. Wer satt ist, neigt weniger zu politischen Extremen. Dagegen müssen sich die heutigen afrikanischen Gesellschaften nach Katastrophen wie Krieg und Massenflucht stabilisieren, während die Krisenregionen wirtschaftlich am Boden bleiben, das Elend anhält.

Während ich das im Juni 2015 schreibe, bin ich in Israel. Ich bin nicht wegen des Holocaust hier, nicht wegen der Geschichte Israels, sondern um journalistisch über die Lage eritreischer Flüchtlinge zu berichten. Zu den Begegnungen in Tel Aviv gehört das Treffen mit Simon Sium Mengesha an einem späten Abend in einem Kellerraum in einer heruntergekommenen Gegend, unweit des Busbahnhofs. Die Räume im Keller sind vollgestellt mit Stühlen, in einem schlichten Regal stehen zwei Megaphone und ein Kopierer. Die triste Örtlichkeit ist Sitz einer eritreischen Oppositionspartei im Exil, der »Eritreischen Bewegung für Demokratie und Gerechtigkeit« (EMDJ). In Eritrea selbst ist Opposition unmöglich, deshalb kämpfen die Flüchtlinge vom Ausland aus für eine Veränderung. Als wir uns treffen, ist es etwa 22.00 Uhr abends, außer Simon sind noch weitere Eritreer hier, darunter eine Frau. Bei vielen sind die Spuren der Folter schon auf den ersten Blick erkennbar: die Hände zu Krallen verkrümmt, fehlende Finger, Brandnarben auf den Armen, Simon hat eine Narbe am Kinn. »Da haben sie mich mit einem Stock geschlagen.« Man möchte sich die Körper unter der Kleidung gar nicht vorstellen.

Simon Sium Mengesha ist 36 Jahre alt und am Ende. »Mein Leben ist gelaufen«, sagt er, »ich denke nur noch an meine Kinder.« Seinen jüngeren Sohn kennt er nicht, den älteren hat er zuletzt vor acht Jahren gesehen, da war das Kind ein knappes Jahr alt. In Eritrea war Simon beim Militär, die Wehrpflicht gilt lebenslang für Männer und Frauen. Nach dem Grundwehrdienst studierte er an einer Militärhochschule Mathematik und wurde dann Lehrer, musste Rekruten und andere Militärs unterrichten. Für seine Arbeit wurde er nicht bezahlt, statt eines Solds bekam er nur Verpflegung. An einem Abend vor inzwischen acht Jahren fand wieder einmal eine Parteiversammlung statt. Gegen Ende meldete sich Simon und stellte eine Frage: warum Eritrea keine Verfassung habe, mehr als zehn Jahre nach seiner Unabhängigkeit 1993. Noch während der Versammlung wurde er verhaftet und in ein unterirdisches Gefängnis gebracht, es gibt davon viele in Eritrea. Die Gefangenen leben dort monatelang ohne Licht, nur zur Verrichtung ihrer Notdurft dürfen sie bisweilen nach oben. Zwischendurch werden die meisten gefoltert, um »Geständnisse« zu erzwingen. Simon weiß nicht, mit wie vielen Menschen er eingesperrt war, dem vielstimmigen Gemurmel in der Dunkelheit nach waren es viele. Vielleicht 500, meint er. Zu Essen gab es zweimal täglich ein Stück Brot, »aber häufig haben sie auch gar nichts gebracht«.

Anfang Juni 2015 veröffentlichten die Vereinten Nationen einen vernichtenden Bericht über die Lage in Eritrea, demzufolge es derzeit kaum ein Land gäbe, in dem Menschenrechtsverletzungen weiter verbreitet seien als dort. Dem Regime von Präsident Isaias Afewerki werfen die UN-Ermittler willkürliche Inhaftierungen, Hinrichtungen und systematische Folter vor. Möglicherweise sei sogar der Tatbestand von »Verbrechen gegen die Menschlichkeit« erfüllt. Weite Teile der Bevölkerung des Staates am Roten

Meer würden von der Regierung außerdem zur Arbeit und einem zeitlich unbefristetem Militärdienst gezwungen.

Nach UN-Angaben leben derzeit rund 360.000 Flüchtlinge aus Eritrea in Europa. Zehntausende außerdem im Sudan, in Ägypten, in Israel und anderen Staaten. Wer irgend kann, flieht aus dem Land, und sei es auch noch so gefährlich. Eine solche oft den Tod bringende Fluchtroute ist der Weg über das Mittelmeer, im ersten Halbjahr 2015 sind erneut Hunderte von Flüchtlingen im Mittelmeer ertrunken, viele davon Eritreerinnen und Eritreer. Aber auch die Flucht in den Sudan ist potenziell tödlich, denn in den dortigen Flüchtlingscamps sind die Menschen nicht sicher. Sie werden von Schmugglerringen gekidnappt und auf die Sinai-Halbinsel oder neuerdings auch nach Libyen verschleppt. Dort erpressen Mitglieder krimineller Netzwerke Tausende Dollar von den Angehörigen ihrer Opfer, indem sie die Gefangenen foltern und währenddessen ihre Liebsten anrufen lassen.

Simon hat das alles mitgemacht. Er wurde im Gefängnis in Eritrea geschlagen, um zu »gestehen«, dass er Umstürzler war. Nach drei Jahren gelang ihm die Flucht in den Sudan. Aus einem Flüchtlingslager wurde er auf die Sinai-Halbinsel verschleppt und dort gefoltert, bis seine Angehörigen seinen Peinigern 3000 Dollar geschickt hatten – angesichts der heutigen Preise eine geradezu bescheidene Summe.

Der 28-jährige Tsegai Jerusalem Jeter kam schon vor sieben Jahren über die Sinai-Halbinsel, als die Bestialität der Menschenschmuggler noch nicht ganz so entfesselt war. Das Fahrrad, mit dem der junge Mann zu unserem Treffen kommt, trägt einen Kindersitz. Tsegai sorgt für zwei eigene Kinder und seinen Neffen, den er adoptiert hat. Als der Junge etwa ein Jahr alt war, war Tsegais Schwester mit dem Kind aus Eritrea in den Sudan geflohen. Auch sie wurde in den Sinai verschleppt und dort schwer gefoltert. Bisweilen dreimal täglich, sagt Tsegai, habe sie unter Folter bei ihm angerufen und vor Qualen schreiend um Geld gebeten. Ihre Kidnapper verlangten 50.000 Dollar, eine unmögliche Summe für einen, der wie Tsegai als Hilfsarbeiter auf Baustellen jobbt, weil der Staat ihm eine Arbeitserlaubnis verweigert. »Ich habe alle um Geld gefragt, die mir nur einfielen«, sagt Tsegai, während ihm Tränen über die Wangen laufen. »Alle Verwandten im Ausland, in Eritrea, wildfremde Teestubenbesitzer – jeden.« Die Anrufe waren eine Folter auch für ihn. Als seine Schwester offensichtlich körperlich so am Ende war, dass sich ihr blutiger Körper kaum noch peinigen ließ, griffen sich die Kidnapper ihr Kind. Hängten den Jungen kopfunter auf, machten Plastik heiß, ließen es auf die nackte Haut des Kindes tropfen. Wenn der Junge am lautesten schrie, riefen sie Tsegai an. Als Tsegai 18.000 Dollar zusammen hatte, willigten die Entführer ein, seine Schwester über die Grenze nach Israel zu lassen. Aber die damals 24-Jährige wusste, dass es zu spät war. Sie blute stark aus dem Unterleib, sagte sie Tsegai am Telefon, sie werde den Weg nicht mehr schaffen. Eine Woche später war sie tot. Den Jungen gaben die Entführer später anderen Eritreern mit, die sie Richtung Israel freiließen.

Jeder Eritreer, der es nach Israel geschafft hat, erzählt furchtbare Geschichten. Fast alle wurden in Eritrea oder auf dem Sinai oder an beiden Orten gefoltert. Zusätzlich bedrückend ist ihre gegenwärtige Situation. Israel erkennt die Flüchtlinge nicht als Flüchtlinge oder Asylbewerber an. Der Stress einer notgedrungen halbillegalen Existenz ist vermutlich das Letzte, was sie nach ihren Erlebnissen in Eritrea und auf dem Sinai brauchen können. Wer unter Traumata leidet, benötigt Ruhe, wenn er sich je wieder stabilisieren soll.

»Wir sind doch auch Menschen«, stellt der Mathematiklehrer Simon Sium Mengesha fest. »Warum behandeln sie uns wie Vieh?« Fünf Jahre lang dürfen die Flüchtlinge ihre Aufenthaltsgenehmigung erneuern, sie müssen das alle zwei Monate tun. Der Termin ist jedes Mal eine Qual, schürt die Angst, nach Eritrea abgeschoben zu werden. Oder wenn nicht nach Eritrea, dann in ein anderes afrikanisches Land. Aber der Arm des eritreischen Geheimdienstes ist lang, in den Augen der Flüchtlinge sind beispielsweise Uganda oder Ruanda keineswegs sicher.

Simon Sium Mengesha ist schon etwas länger als fünf Jahre in Israel und kann seine Aufenthaltserlaubnis nicht mehr verlängern. »Aber wo sollte ich denn hin?«, fragt er. Dass er in Tel Aviv überlebt, verdankt er anderen eritreischen Flüchtlingen, die das Wenige, was sie haben, mit ihm teilen. Diejenigen, die erst kürzer in Israel sind, leben dort immerhin legal, haben aber auch keine Arbeitserlaubnis. So können sie sich ebenfalls kaum ernähren. Sie jobben illegal und für entsprechend wenig Geld. Viele Eritreerinnen und Eritreer sind deshalb obdachlos, hausen auf der Straße. Simon wohnt mit drei anderen Männern zusammen in einem Zimmer, die anderen drei teilen sich die monatliche Miete von umgerechnet 650 Euro. Der Raum ist mit den Betten und einem Wohnzimmertisch voll, in der Ecke über einem Waschbecken löst sich die Tapete von den feuchten Wänden.

In den Tagen, die mit solchen Geschichten gefüllt sind, drängt sich die Geschichte des Staates, in dem ich Simon, Tsegai und den anderen begegne, immer wieder in meine Gedanken. Wie ist es nach der Erfahrung des Holocaust möglich, dass politisch Verfolgten heute noch irgendwo in der Welt Zuflucht verweigert wird? Zwischen 1933 und 1945 wurden Millionen von Juden nirgendwo aufgenommen, nicht gerettet. Sie wurden in Vernichtungslagern, in Arbeitslagern, von Erschießungskommandos umgebracht.

Das ist nicht lange her, Zeitgeschichte. Meine Mutter, immerhin, hat noch nicht alles vergessen. Sie ist unbedingt für die Aufnahme von Flüchtlingen in Deutschland. Auch sie weiß nicht, wie das im Einzelnen gehen kann. Wo Raum gefunden werden kann für so viele Menschen, wie der deutsche Staat sie alle ernähren soll. Sie meint aber, dass der Staat eine Pflicht habe, nach Lösungen zu suchen. Denn sie erinnert sich daran, wie wichtig es ist, Zuflucht zu finden. Dabei war sie keine Jüdin, sie war nicht politisch verfolgt, ihr Leben war nicht direkt bedroht.

Sie war einfach nur ein Mensch auf der Flucht.

Meine Krim

von Oleg Kaschin (übersetzt von Liudmila Brodmann)

Ich saß auf dem Boden der Abflughalle des Kiewer Flughafens und war dabei, mein Handy zu laden, als mir klarwurde, dass ich nirgendwohin fliegen würde. Der Flug nach Simferopol wurde nicht verschoben, er wurde gecancelt. Dutzende Reisende scharten sich um den Informationsschalter, um zu erfahren, wann sie wegfliegen könnten, aber ich blieb sitzen – ich brauchte nichts zu fragen, ich wusste alles auch so.

Der Flug wurde gecancelt, weil seit diesem Abend, dem 28. Februar 2014, der ukrainische Flughafen Simferopol auf der Halbinsel Krim nicht mehr existierte. Mein Kollege, der es vor mir in diese Stadt geschafft hatte, schrieb mir per SMS, dass am Flughafen von Simferopol soeben zwei russische Militärtransportflugzeuge gelandet waren. Ich hatte über diese Flugzeuge bereits einen Tag zuvor berichtet. Sie waren von den Militärflughäfen der Region Krasnodar gestartet. An Bord befanden sich Fallschirmjäger und Marinesoldaten aus Pskow und Kaliningrad, denen erzählt worden war, sie würden zu Manövern in den Fernen Osten fliegen. Der Ferne Osten lag auf einmal näher, als man hätte vermuten können. Es werden ein paar Stunden vergehen, und die ukrainischen Journalisten werden die Details erfahren: Der Flughafendirektor wird ihnen mitteilen, dass sein Büro von russischen Soldaten in Uniformen ohne Erkennungszeichen besetzt wurde. Er wird immer wieder wiederholen: Nein, es gab keine Gewalt, sie haben sich sehr höflich, ja: höflich, verhalten. »Höfliche Männer« – dieses Pseudonym für die russische Armee werden viele sehr gelungen finden, es wird von den Journalisten in Russland aufgegriffen. Für ihre ukrainischen Kollegen erscheint diese Umschreibung hingegen als zu weich, sie denken sich deshalb ihr eigenes aus: »grüne Männchen«. Eine Uniform ohne Schulterklappen und Abzeichen ist grün, gleichzeitig aber ist es auch eine Anspielung darauf, dass in meiner Kindheit auch Außerirdische als »grüne Männchen« bezeichnet wurden. Russische Soldaten sind nun Außerirdische.

In Kiew herrschte Nacht. Ich ging nach draußen und überlegte, ob ich in der ukrainischen Hauptstadt jemanden kenne, bei dem ich übernachten könnte. Jemand rief: »Wolltest du auch auf die Krim?« Ich nickte. Vielleicht ist es ein ukrainischer Offizier, der einen Trupp für die Eroberung der Krim aufstellt? Da wäre ich neugierig, ich würde mich dem Trupp anschließen und einen sensationellen Bericht veröffentlichen. Aber es war weniger spektakulär als gedacht: Vor mir stand nur der Fahrer einer Marschrutka. In der gesamten ehemaligen Sowjetunion sind Marschrutkas (vollständige Bezeichnung – »marschrutnoje taxi«[1], dieser Begriff ist jedoch lange nicht mehr gebräuchlich) das demo-

---

1 Anmerkung der Übersetzerin: Bei einem »marschrutnoje taxi« handelt es sich in der Regel um ein Sammeltaxi für etwa 12–16 Personen, das meist nach einem Linienplan verkehrt, aber auch individuell gebucht werden kann.

kratischste und am meisten verbreitete Mittel des öffentlichen Personenverkehrs. Ein kleines Sammeltaxi, das bereit ist, überall zu jeder Zeit zu fahren. Diese Marschrutka fuhr auf die Krim.

Ein Ticket kostete einhundert Dollar in beliebiger Währung – ich hatte keine ukrainischen Hrywnja dabei. Deshalb gab ich dem Fahrer alle Schweizer Franken, die ich in meinem Portemonnaie fand (ich kam gerade aus der Schweiz). Er zeigte mir meinen Sitzplatz im hinteren Bereich, ich aber ließ mir Zeit beim Einsteigen und rauchte vor dem Auto erst noch eine Zigarette. Für den Fall der Fälle fotografierte ich das Autokennzeichen und schickte das Foto an meine Frau. Wie sich herausstellte, kam das Auto aus Iwano-Frankiwsk, einer früheren österreichischen Stadt. Sie gehört heute zur Westukraine, die in Russland für die Keimzelle des Hasses gegenüber allem Russischen und für das direkte Gegenteil zur prorussischen Krim gehalten wird. Mir ging durch den Kopf, dass wir mit einem Auto mit diesem Kennzeichen wahrscheinlich nicht ankommen würden, aber das Ticket war bereits bezahlt und ich nahm meinen Platz in der Marschrutka ein. Wir fuhren los, der Fahrer schaltete den Fernseher ein. Es lief »Wir aus der Zukunft«, ein russischer Fantasy-Film über die jungen Leute von heute, die nach dem Bad in einem Zaubersee in das Jahr 1943 schwammen und dort einen Kampf gegen Bandera-Anhänger – die ukrainischen Separatisten, die an der Seite des nationalsozialistischen Deutschlands gegen die Sowjetunion kämpften – aufnahmen. Als Bandera-Anhänger bezeichnet das russische Fernsehen nun die neue Führungsspitze der Ukraine – für Moskau war es wichtig, dass die Gesellschaft Russlands die ukrainische Revolution nicht als Sturz einer korrupten

Regierung wertet, sondern als Revanche der Neonazis, die den Zweiten Weltkrieg überlebt hatten. Diese Propaganda ist zynisch, aber sehr gelungen – in Russland hat man die Bandera-Anhänger nie gemocht.

Die Ukraine eignet sich für Autoreisen nicht besonders gut. Holprige Straßen in undurchdringlicher Dunkelheit – ich schlief schnell ein, und wenn ich ab und zu wach wurde, fühlte ich mich wie ein Held aus einem radikalen Autorenfilm, denn die Finsternis wechselte sich ab – mal mit unendlichen Reihen von Plüschtierverkäufern am Straßenrand, mal mit einem düsteren Imbiss, in dem eine dicke Frau unsere Teller mit einem ausgezeichneten ukrainischen Borschtsch füllte. Die Sonne ging links auf, was bedeutete, dass wir genau Richtung Süden fuhren. Am Ortseingangsschild von Armjansk hielten bewaffnete maskierte Männer in Tarnkleidung – eben jene »grünen Männchen« oder »höflichen Männer« – unser Auto an.

Ich hatte meine Mitreisenden bereits kennengelernt. Einen russischen Pass besaß nur ich, alle anderen waren ukrainische Bürger, die aus Europa, wo sie lebten und arbeiteten, nach Hause zurückkehrten. Unter ihnen waren ein Seemann, ein Ingenieur, ein Manager und sogar ein Maler, sie unterhielten sich auf Russisch (Ukrainisch wird in der Ukraine ausschließlich in wenigen Provinzen und in der Hauptstadt gesprochen, aber dort ist es eher Politik als tatsächlich die Muttersprache), und ich lauschte während der Fahrt ihren Gesprächen über günstiges Shopping in den Outlets von Paris und Mailand, über Billigflüge und über Möglichkeiten, eine Doppelbesteuerung zu vermeiden.

Über so eine Ukraine habe ich mir nie Gedanken gemacht, aber ich sah sie vor mir in dieser Marschrutka. Früher schien mir die Ukraine aus der Perspektive der einfachen Bevölkerung Russland sehr zu ähneln, nur dass in Russland in so einer Marschrutka die Menschen von ihren Jobs in Moskau zurückkehren würden. In der russischen Provinz gibt es sehr viele Menschen, die Russland nie verlassen haben, in der Ukraine hingegen sind es gerade die armen Provinzler, die zum Geldverdienen meist in den Westen fahren, wobei, wie ich mich überzeugt hatte, die Jobs sehr unterschiedlich sind und es sich bei weitem nicht immer um körperliche Arbeit handelt. Jetzt wurden diese Menschen von den maskierten Männern verhört. Man konnte unschwer erahnen, dass sie Majdan-Sympathisanten suchten, die bewaffnet in die Krim eindringen wollten. Aber in unserer Marschrutka gab es derartige Leute nicht. Über meinen russischen Pass waren die Männer von der Straßensperre sehr erfreut – sie meinten, das wäre heutzutage der beste Passierschein für die Krim, und stellten mir keine weiteren Fragen. Unser Kleinbus durfte weiterfahren, aber es wusste niemand, wie das Land heißt, durch das wir reisten – Russland oder Ukraine.

Über Russland weiß die ganze Welt, dass es ein sehr weites und sehr kaltes Land ist. Gerade sind die Olympischen Spiele in Sotschi zu Ende gegangen – in einer kleinen Stadt an einem kleinen Abschnitt der russischen Schwarzmeerküste; das ist der einzige Ort in Russland, an dem Palmen wachsen und wo es im Winter kaum schneit. Als ich klein war, gab es ein paar mehr von diesen Orten, und der erste unter ihnen war die Krim – eine subtropische Halbinsel, von allen Seiten von einem warmen Meer umgeben. Einst herrschte hier das Mongolische Reich, sein letzter Splitter, der am längsten gegen Russland gekämpft hatte. Erst im

18. Jahrhundert gelang es Katharina II., die Halbinsel zu erobern, und sie machte die Krim zu ihrer Lieblingsprovinz. Die Historikerin Aleksandra Ischimowa beschrieb die Krim zu Beginn des 19. Jahrhunderts als »das russische Italien« – die Landschaft auf dieser Halbinsel erinnert tatsächlich an die italienische. Hier befanden sich Sommerschlösser russischer Zaren, zahlreiche russische Schriftsteller und Maler verbrachten auf der Krim ihre Urlaube oder ganze Jahre – auch starb hier zum Beispiel Anton Tschechow. In den zweihundert Jahren hat sich jeder Russe wenigstens einmal auf der Krim erholen können. Das war das einzige meinem Volk zugängige Fleckchen der Mittelmeerküste, wir haben es immer geliebt und geschätzt. Die Stadt Sewastopol, die von Katharina II. auf der Krim gegründet wurde, war von Beginn an die »Hauptstadt« der russischen Militärflotte. Während des Krimkrieges in der Mitte des 19. Jahrhunderts wurde dieser Status mit dem Blut russischer Seemänner besiegelt.

Bis zum Zweiten Weltkrieg bildeten die Tataren, die Nachfolger jenes Imperiums, das Katharina II. zerschlug, einen wesentlichen Teil der Bevölkerung. Ein friedliches Volk, das Berge und Steppen dem Meer vorzog, hier Getreide anbaute und Vieh züchtete. 1944 ließ Stalin die Tataren durch seine Geheimpolizei von der Halbinsel vertreiben – sie wurden in Viehwaggons nach Zentralasien deportiert und durften bis Ende der 80er Jahre nicht zurückkehren. Nach Stalins Tod kam Chruschtschow, der die sowjetische Ukraine lange regierte, an die Macht. Man beging den 300. Jahrestag der Vereinigung der Ukraine und Russlands, und der Diktator (und Chruschtschow war zweifellos ein solcher) entschloss sich, seiner Heimatprovinz etwas Wertvolles und Schönes zu schenken. Er wählte die Krim, und obwohl seit der Vertreibung der Tataren hier ausschließlich Russen lebten, traute sich niemand, Chruschtschow zu widersprechen. Zumal niemand damals Unterschiede machte – Russland und die Ukraine waren lediglich Provinzen eines großen Landes, der Sowjetunion.

1991 zerfiel die Sowjetunion. Die Staatschefs wollten möglichst schnell mit dem verlebten Imperium Schluss machen, weshalb niemand territoriale Ansprüche stellte. Der russische Präsident Boris Jelzin erkannte die Ukraine mit den Grenzen, wie sie innerhalb der UdSSR verliefen, an. So wurde die Krim für Russland zum ersten Mal nach über 200 Jahren zu einem ausländischen Territorium. Vieles wurde plötzlich Ausland – sei es das Pamir-Gebirge, die zentralasiatischen alten Hauptstädte, die weißrussischen Wälder, die baltischen Häfen oder die Erdölfelder in Aserbaidschan. Diesen Verlusten trauerte nicht wirklich jemand nach – ja, das ist nicht Russland, man kann sich davon trennen. Aber die Krim – der bedeutendste Ort für die russische Geschichte und Kultur, das Gebiet, in dem die russische Bevölkerung die Mehrheit stellte – das war wohl der einzig wahre Verlust für mein Volk.

In dem russischen Kultfilm »Bruder 2« aus dem Jahr 2000 tötet der romantische Held seine ukrainischen Gegner mit den Worten: »Ihr werdet mir Sewastopol noch büßen.« »Sewastopol wird russisch bleiben!«, sang der russische Liedermacher Aleksandr Gorodnizki. Der Moskauer Oberbürgermeister Juri Luschkow ließ in Sewastopol Wohnhäuser aus dem Moskauer Haushalt bauen und gewann die Wahlen – die Wähler hatten nichts dagegen, Sewastopol war für Moskau kein Ausland. Ich habe Bekannte, die sich vor 20

Jahren eine Schlägerei mit der ukrainischen Polizei lieferten, über Sewastopol eine russische Flagge hissten und danach mit dem Gefühl, moralisch absolut im Recht zu sein, ins Gefängnis gingen – schließlich sei es doch eine russische Stadt. Ich lief nun durch die Straßen von Sewastopol, und man konnte denken, es hätte ein Frühlingskarneval begonnen. Menschen mit russischen Fahnen in der Hand sangen, tanzten, Unbekannte umarmten sich – sie gratulierten einander zu der nun nicht mehr ukrainischen Stadt.

Über den Gebäuden ukrainischer Geheimdienste und der Polizei wehten keine ukrainischen Fahnen mehr – sie wurden von den Mitarbeitern selbiger abgenommen, die, wie sich herausstellte, doch keine so großen Patrioten waren, wie man das noch vor einer Woche hätte denken können. »Wo die ukrainische Fahne ist? Ich habe sie in die Waschmaschine getan«, meinte zu mir ein ukrainischer Offizier. Ein junger ukrainischer Admiral, der bereits von der neuen, revolutionären Regierung ernannt wurde und das Kommando über die ukrainische Marine übernehmen sollte, distanzierte sich am darauffolgenden Tag im Stabsquartier der russischen Flottenstreitkräfte vor meinen Augen vom ukrainischen Eid und wurde zu einem russischen Admiral. Mit jedem Morgen wurden es immer mehr Fahnen über den Städten der Krim.

Man hätte das Ganze auch als Revolution bezeichnen können, wenn sie, die »höflichen Männer«, nicht jeden Schritt der Krim-Bürger beobachtet hätten. Ich wusste bereits, dass sie Ende Februar nicht nur den Flughafen, sondern auch die Regierungs- und Parlamentsgebäude auf der Krim besetzen und dass die Abgeordneten die Unabhängigkeit der Halbinsel von der Ukraine in Anwesenheit russischer

Soldaten erklären würden. Vorbereitungen für ein Referendum liefen, aber die Antwort, die die Wähler ankreuzen sollten, hatten die russischen Soldaten bereits gegeben – sie wurden zu den Herrschern über das Land – einfach mit dem Recht des Stärkeren. Das Recht des Stärkeren stimmte mit dem Willen der Einwohner der Region überein. Aber das hatte keine Bedeutung mehr. Zuerst wurde die Halbinsel von Russland okkupiert, und erst danach hat die Bevölkerung der Krim ihr Ja zu Russland gegeben – eine sehr unangenehme Reihenfolge. Unangenehm auch für mich, der – wie viele Russen auch – von klein auf davon träumte, dass die Krim wieder unsere Halbinsel wird. 1968, als die Regierung der Tschechoslowakei versuchte, eine von Moskau unabhängige Politik umzusetzen, schickte Breschnew sowjetische Panzer in die Tschechoslowakei. Eine harte und unmenschliche Aggression gegen ein kleines europäisches Land, eine der meist beschämenden Seiten der sowjetischen Geschichte. »Bürger, das Heimatland ist in Gefahr, unsere Panzer rollen übers fremde Land«, sang 1968 der russische Liedermacher Aleksandr Galitsch. »Panzer rollen über die Soldaten, die in diesen Panzern sitzen«, schrieb damals auch der russische Dichter Jewgeni Jewtuschenko.

Ich kenne das Lied von Galitsch und die Verse von Jewtuschenko auswendig. Ich stehe natürlich an der Seite des von den sowjetischen Panzern zerdrückten Prag. Wenn Putin Panzer nach Prag geschickt hätte, wüsste ich sofort, wie ich es finden soll. Ich würde das Lied von Galitsch singen, das Gedicht von Jewtuschenko vortragen und einen Artikel, der die Aggression verurteilt, schreiben. »Unsere Panzer im fremden Land« – das ist leicht zu verstehen und einfach.

Aber was ist, wenn das Land nicht fremd ist? Wenn hier Tschechow starb und russische Zaren lebten? Wenn hier ein einheimischer orthodoxer Bischof zu Stalin-Zeiten zum Medizinprofessor ernannt und von Chruschtschow später ins Gefängnis gebracht wurde und heute die Ikone dieses Professors und Bischofs in der Kirche hängt, in der ich bete – kann etwa das Land dieses Bischofs ein fremdes für mich sein? »Ihr werdet mir Sewastopol noch büßen« – ich habe diesen Film mehrfach gesehen und dabei immer mit dem Russen, nie mit den ukrainischen Banditen sympathisiert. Ich stand in Sewastopol auf einem nach dem russischen Admiral Nachimow benannten Platz, beobachtete die feiernden Einwohner mit russischen Fahnen und konnte und mochte auch nicht die Kraft in mir finden, die Besetzung der Halbinsel zu verurteilen.

Diese Kraft habe ich auch heute nicht. Ich hoffe, Sie verurteilen mich nicht. Ich hoffe, Sie verstehen mich.

Zwischen Wutbürgern und »Lügenpresse«

von Simone Wendler

Im Sommer 2012 beschmierten mutmaßlich Neonazis die Redaktionsfenster der »Lausitzer Rundschau« in Spremberg mit der Parole »Lügenpresse halt die Fresse«. Sie wollten damit offensichtlich einen dort arbeitenden Journalisten einschüchtern. Er hatte über einen nächtlichen Aufmarsch der Extremisten berichtet, von dem sie ein Foto ins Internet gestellt hatten. Nicht nur die Umstände, auch die »Lügenpresse«-Parole passte zur rechtsradikalen Szene. »Lügenpresse« war eine Beschimpfung, die häufig auf Neonazi-Demos skandiert wurde und mir deshalb in diesem Kontext vertraut war. Für Rechtsextremisten ist die »Systempresse« ein Feindbild.

Zweieinhalb Jahre später, im Spätherbst 2014, tauchten die Lügenpresse-Rufe dann in Dresden auf, als Tausende Anhänger und Mitläufer in der Hochphase der islamfeindlichen »Pegida«-Bewegung durch die Stadt liefen. Doch dort riefen nicht nur Neonazis diese diffamierende Bezeichnung, sondern auch Scharen von Menschen, die dem äußeren Anschein nach dem bürgerlichen Milieu zuzuordnen waren. Gut gekleidete Männer und Frauen meist fortgeschrittenen Alters.

Sie ähneln den »Wutbürgern«, wie sie Dirk Kurbjuweit schon 2010 in einem »SPIEGEL«-Essay beschrieb: konservativ, nicht mehr jung, eher wohlhabend. Ihnen ist die Gelassenheit des politischen Diskurses der bürgerlichen Mitte abhandengekommen. Stattdessen wird gebuht, gebrüllt und gehasst. Dabei wird vieles vermischt. Aktuelle, durchaus strittige Probleme mit allgemeinen Lebensängsten und Unzufriedenheit über diverse Alltagsprobleme. Es geht um die Abwehr von Wandel, von Veränderung. Was gewohnt und vertraut ist, soll verteidigt werden. Dabei können sich Ressentiments verschiedenster Art mit Beharrungswillen mischen.

Die Auseinandersetzung um den Bahnhofsneubau Stuttgart 21 wurde zur öffentlichen Geburtsstunde des Wutbürgers. Doch inzwischen haben Wutbürger viele Themen besetzt. Da geht es um den Bau neuer Stromtrassen in Bayern, um den Bau von Straßen, Windparks und neuen Flüchtlingsunterkünften.

Dass das Bahnhofsprojekt in Stuttgart zum Beispiel einen langen Weg durch die demokratischen Instanzen gegangen war, bevor der Protest der Wutbürger anfing, interessierte nicht mehr. Es war die Wut der Straße gegen die Regeln der demokratischen Debatte. Denn Demokratien schaffen Diskussionsräume, in denen gesellschaftliche Kompromisse gern mit Leidenschaft, aber ohne Aggressivität ausgehandelt werden. Bei Bauvorhaben sind das Prozesse der öffentlichen Verfahrensbeteiligung und Auseinandersetzungen in politischen Gremien. Da wird in Landes- oder Kommunalparlamenten gestritten, und bestenfalls begleitet guter Journalismus den Prozess dadurch, dass die widerstreitenden Argumente so dargestellt werden, dass sich jeder selbst dazu eine Meinung bilden kann.

Wutbürger setzen sich über alles das hinweg. Dahinter stecken auch Ohnmachtsgefühle der Art »die da oben machen ja doch, was sie wollen« und eine zunehmende Abwendung von Teilen der Bevölkerung aus den politischen Prozessen des Landes. Statt zur Wahl geht der Wutbürger auf die Straße.

Dort schlägt die Stunde der Populisten von Sammelbewegungen wie »Pegida« bis zur Alternative für Deutschland (AfD). Die liefern scheinbar einfache Antworten auf komplizierte Fragen. Und zur moralischen Legitimation der eigenen Wut wird gern der Ruf der Friedlichen Revolution in der DDR »Wir sind das Volk« missbraucht. Denn wer würde sich schon gegen »das Volk« stellen wollen? Die Wutbürger sind nicht »das Volk«, wohl aber ein nicht zu unterschätzender Teil davon.

Und spätestens seit »Pegida« ist öffentlich deutlich geworden, was sich schon lange in Internetforen und sozialen Netzwerken abzeichnete. Der Aufschwung der »Wutbürger« geht einher mit einem Abschwung der Glaubwürdigkeit der Medien. Das ist besonders fatal, da die gesellschaftlichen Prozesse durch Europäisierung und Globalisierung immer komplexer werden. Das erfordert einen Qualitätsjournalismus, der diese immer schwieriger zu verstehende Welt erklärt und dem die Rezipienten Vertrauen entgegenbringen.

Doch Politik und Medien in Deutschland stecken in einem Umbruchprozess. Und beide Prozesse beeinflussen sich gegenseitig. Der Glaubwürdigkeitsverlust von Medien und der Aufschwung der Wutbürger geht einher mit der Abwendung von der Politik. Und Journalisten geraten zunehmend in Verdacht, mit Politikern unter einer Decke zu stecken und nur das zu produzieren, was »die da oben« hören wollen. Das Internet ist dabei nicht die Ursache, es entfaltet jedoch mit seinen diversen Möglichkeiten die Wirkung eines Brandbeschleunigers.

Wir leben zweifellos in einer komplizierten Welt: Eurokrise, internationaler Terror, steigende Flüchtlingszahlen, Klimawandel und Energiewende, Abstiegsängste der Mittelschicht. All das einer breiten Öffentlichkeit verständlich zu erklären, erfordert im Medienbereich mehr Investitionen in Recherche, in kluge Köpfe, die fähig sind, in Hintergrundstücken komplexe Themen verständlich aufzubereiten. Doch in großen Teilen der Branche ist das Gegenteil der Fall.

Deutschlandweit geraten gerade Regionalzeitungen unter immer größeren wirtschaftlichen Druck. Das Internet hat einen erheblichen Teil des Werbemarktes geschluckt und wird ihn nicht wieder hergeben. Die Abonnement-Zahlen sinken, auch durch kostenlose Nachrichtenangebote im Internet. Die lange verhängnisvoll praktizierte Gratiskultur im Netz hat gerade jüngere Nutzer, soweit sie überhaupt politisches Interesse aufbringen, in den Irrglauben versetzt, dass Journalismus zum Nulltarif erhältlich sei. Versuche der Verlage umzusteuern, werden selbst bei größerem Erfolg die Einnahmesituation nicht grundlegend verbessern.

Was den Zeitungen im Printbereich verlorengeht, wird in der Regel nicht durch E-Paper-Nutzer oder verschiedene andere Bezahlmodelle aufgefangen. Der wirtschaftliche Druck wird indes meist direkt auf die Personalkosten umgelegt. Zeit und Kapazitäten für Recherche schwinden, das Tempo, in dem Texte entstehen, wird getrieben vom

24-Stunden-aktuell-Prinzip des Internets. Und der Ton wird quer durch die Branche schriller.

In der Konkurrenz um Aufmerksamkeit wird zugespitzt, was das Zeug hält. Auch wenn manche Schlagzeile übertrieben ist, Hauptsache, sie wird gelesen. Und jede mittelprächtige Fehlleistung wird zum »Skandal« hochgeschrieben. Doch ein zu lauter, überdrehter Ton nutzt sich ab. Vielen Lesern, Zuschauern, Hörern bleibt das nicht dauerhaft verborgen. Je mehr sie spüren, dass ihnen übertriebene oder nur oberflächlich recherchierte Geschichten vorgesetzt werden, umso mehr sinkt in ihren Augen die Glaubwürdigkeit der Medienangebote. Als ich vor 25 Jahren meine journalistische Laufbahn begann, erlebte ich manchmal die Situation, dass Menschen im Gespräch Medien als Beleg für die Glaubwürdigkeit einer Geschichte heranzogen. Sätze wie: »Das stimmt, das stand so in der Zeitung«, sind heute undenkbar geworden.

Misstrauen an sich ist nie verkehrt. Qualitätsjournalismus braucht den aufmerksamen, kritischen Leser. Und es ist gut, dass Journalisten sich heute auch durch die neuen Kommunikationskanäle viel stärker mit ihren Rezipienten auseinandersetzen und auch einmal rechtfertigen oder Fehler einräumen müssen. Doch die Auseinandersetzung zwischen Publikum und Autoren findet zum Teil keine gemeinsame Basis. Denn das Internet bietet heute eine Flut von Seiten, Blogs und Foren, von denen nur ein Teil etwas mit Journalismus zu tun hat. Im Netz tummeln sich auch Propagandisten, politische Wirrköpfe, Verschwörungstheoretiker. Für jede noch so bizarre Theorie findet jeder im Netz dazu passende Versatzstücke und »Beweise«. Daraus lässt sich mühelos eine gedankliche Parallelwelt entwickeln, die als geschlossenes System funktioniert. Mit Gleichgesinnten kann man sich via Netz immer wieder neu bestätigen und gegenseitig versichern. Abweichende Meinungen werden als »Lüge« abgestempelt, Zeitungen, Sender, die nicht das eigene aus dem Netz zusammengepuzzelte Weltbild spiegeln, als »Lügenpresse«.

Der Medienwissenschaftler Stephan Russ-Mohl verwies kürzlich im »Tagesspiegel« auf eine Untersuchung italienischer Medienforscher. Die stellten fest, dass sich in den sozialen Netzwerken blanker Unfug oder gezielte Desinformation so schnell verbreitet, dass Journalisten mit seriösem Aufklärungsanspruch dagegen nicht mehr ankommen. Die permanente Erregung im Internet mit seinen ständigen vermeintlichen Neuigkeiten und das Tempo, mit dem per Mausklick auch der größte Blödsinn weiterverbreitet werden kann, lässt ihnen keine Chance, dagegen durchzudringen. Was als Schwarmintelligenz lange bewundert wurde, entpuppt sich offenbar gelegentlich als Herdenblödheit. 10.000 Menschen, die den »like«-Button, drücken können nicht irren? Und ob.

Die Netzwelt wirkt jedoch auch auf die reale Medienwelt professionaler Journalisten zurück. Denn es wird nicht nur »geliked«, Journalisten werden über das Netz auch diffamiert, im »shitstorm« gedanklicher Müll über ihnen ausgekübelt, meist aus der Anonymität heraus.

Das kann Journalisten entmutigen und zu einer Schere im Kopf führen. Wer wiederholt Ziel von Pöbelattacken geworden ist, könnte versucht sein, nicht mehr so viel Angriffsfläche zu bieten. Er schwächt ab, glättet seinen Text, verkneift sich vielleicht die eine oder andere Aussage. Ein verhängnisvoller Rückzugsbeginn.

Im Gegenzug wartet die Versuchung, sich auf die Seite des vermeintlich Guten in der öffentlichen Meinung zu schlagen, also so zu berichten, dass einem viel Zustimmung und »likes« sicher sind. Auch das bedeutet Rückzug, Rückzug von streitbaren Texten.

Doch sind das zunehmende Misstrauen und die Abwendung von Politik und Medien so ganz und gar unverständlich? Nein. Das politische Klima in Deutschland hat sich durch einen Wandel der Parteienlandschaft verändert. 2005 gab es eine große Koalition aus Union und SPD, weil beide großen Lager jeweils nicht genug Stimmen für eine Mehrheit durch das Zusammengehen mit einer kleinen Partei hatten. 2009 gelang das der Union noch mal für vier Jahre mit der FDP, doch darauf folgte wieder eine »GroKo«. Und es besteht die Gefahr, dass auch die nächste Bundesregierung wieder von Union und SPD gebildet wird, weil alternative Konstellationen fehlen.

Das vermittelt den Bürgern ein Gefühl von »Einheitspolitik« in der abweichende Ideen schnell als »alternativlos« beiseitegewischt werden. Union und Sozialdemokraten sind in diesem Prozess einander ähnlicher geworden. Es fehlt damit zunehmend an der Gewissheit, dass die nächste Wahl auch einen spürbaren Politikwechsel mit sich bringen könnte. Was in schwierigen politischen Zeiten als stabilisierend gelobt wird, fördert jedoch Wutbürger-Bewegungen, die glauben, nur noch auf der Straße Veränderungen erzwingen zu können.

Und auch die Medienwelt wird einheitlicher und »alternativloser«. Jenseits einer Handvoll überregionaler Leitmedien kämpfen die Regionalzeitungen mit ihren immer engeren Budgets. Die Folge sind Konzentration von immer mehr Titeln in einem Konzern, die Zusammenlegungen von Büros, die über Deutschlandpolitik berichten, und der verstärkte Rückgriff auf Agenturtexte. Der zunehmende Zeitdruck in den Redaktionen verstärkt außerdem die Neigung, sich schnell inhaltlich den Leitmedien anzuschließen. Eigene Recherchen anzustellen, vom Grundrauschen der Branche abweichende Thesen aufzustellen und Kommentare zu schreiben, wird immer mehr zur Ausnahme. Das Ergebnis ist der mit »Lügenpresse« eng verwandte Vorwurf der »Mainstream-Medien«: »Ihr schreibt ja auch nur, was alle schreiben.«

Verstärkt wird der sich ausbreitende Zweifel an der Glaubwürdigkeit der Medien zusätzlich dadurch, dass auch Flaggschiffe des Qualitätsjournalismus Fehler machen, die im heutigen multimedialen Zeitalter schneller bekannt und öffentlich diskutiert werden. Ein Beispiel dafür inklusive der einzig richtigen Konsequenzen lieferte gerade »SPIEGEL ONLINE« in der Berichterstattung um den Abschuss des malaysischen Flugzeugs MH 17 über der Ostukraine.

Diese Tragödie ist nicht nur zu einem Recherchethema vieler Journalisten geworden. Russische Staatsmedien versuchten von Anfang an, mit wilden Spekulationen jeden Verdacht der Verantwortung dafür von den Separatisten zu nehmen und die ukrainische Regierung für den Abschuss anzuprangern. Die Suche nach der Wahrheit über den Abschuss von MH 17 wurde auch zum Propagandathema.

Kürzlich veröffentlichte das Team der Internet-Rechercheplattform »Bellingcat« nun eine Analyse von Satellitenbildern, die russische Stellen als Beleg für die Schuld Kiews am Absturz des Flugzeuges präsentiert hatte. Die Analyse kam zu dem Schluss, die Bilder seien gefälscht. SPIEGEL

ONLINE berichtete zunächst so darüber, als ob daran kein Zweifel mehr möglich sei. Doch kurz darauf ruderte die renommierte Nachrichtenplattform in einem Interview mit einem Bildforensiker zurück. Der Fachmann erläuterte, dass die Analysetechnik von Bellingcat nicht geeignet sei, um im forensischen Sinne Beweise zu erzeugen. Deren Behauptung über Bildfälschungen der Russen seien »Kaffeesatzleserei«. Es könne so sein, müsse aber nicht. Daraufhin wandte sich SPIEGEL ONLINE-Chefredakteur Florian Harms mit einem Blogeintrag an die Leser. »Wir waren nicht vorsichtig genug«, räumte er ein. Ohne zweite Quelle hätte der erste Text zu der Bellingcat-Analyse vorsichtiger und distanzierter ausfallen müssen. Und er versprach: »Wir lernen daraus.«

Was daraus in jedem Fall zu lernen ist, ist die Tatsache, dass auch Qualitätsmedien unter dem wachsenden Druck, immer der Erste mit einer neuen Information zu sein und maximale Aufmerksamkeit zu erzeugen, fehleranfälliger werden. Offen und selbstkritisch damit umzugehen, so wie es Florian Harms praktiziert hat, ist der einzige Ausweg. Und sich immer wieder in Erinnerung zu rufen, was wie eine journalistische Binsenweisheit klingt: »Be first, but first be sure.«

Zu Resignation besteht trotz alledem kein Grund. Das tägliche Überangebot an mehr oder weniger seriösen Nachrichten und Informationen und die permanente Erregtheit der multimedialen Gesellschaft wird auch bei einem großen Teil der Medienkonsumenten den Wunsch nach Struktur und Orientierung wachsen lassen. Wer diese Auswahl nicht Algorithmen von Internetkonzernen oder der Schwarmintelligenz der »like«-Button-Drücker überlassen will, kommt an kompetentem, handwerklich solidem Jour-nalismus nicht vorbei. In welcher technischen Form auch immer er sich künftig verbreiten wird.

Der Medienwissenschaftler Stephan Russ-Mohl findet Trost bei Sisyphos, den wir uns Albert Camus zufolge als glücklichen Menschen vorstellen sollen. Obwohl er weiß, dass sein Felsbrocken immer wieder zu Tal rollt, wird er nicht müde, ihn immer wieder mühsam ein Stück bergauf zu rollen. Also bleibt es dabei: rausgehen und schreiben oder senden, was ist, auch wenn es manchmal Wutbürger sein werden, die da auf uns warten, um uns zu beschimpfen.

Der emanzipierte Journalist und die EU

von Ides Debruyne (übersetzt von Martin Fiedler)

»Europa ist ein politischer Zwerg«, lautet das ewige Mantra. Sicherlich haben die Mitgliedsstaaten der EU immer noch Probleme, sich individuell auf der globalen Bühne zu behaupten. Deshalb stehen sie Schulter an Schulter mit dem Wirtschaftsgiganten EU, auch wenn sich dieser Riese in der griechischen Tragödie zu verlieren scheint. Wenn aber die Union als Union ihrer Bürger in Vielfalt überleben will, muss sie mehr sein als eine wirtschaftliche Macht. Sie muss nach einer umfassenden sozialen Basis ihrer Bürger suchen, die sich in die öffentliche Debatte einbringen können. Um dies zu erreichen, muss die Union ihre Türen weit öffnen. Sie muss Raum für Diskussionen schaffen und Streit zulassen. Eine demokratisch gewählte politische Struktur existiert nur durch die Gnade der öffentlichen Debatte. Ohne soziale Basis wird aber die EU zusammenbrechen wie ein Kartenhaus.

Die Europäische Union ist aber mehr als nur ein bewundernswertes Projekt, das nach dem Zweiten Weltkrieg begonnen wurde. Ihr Hauptziel, neue Kriege in der Region zu verhindern, hat sie erreicht. Seit Jahrzehnten ist die Europäische Gemeinschaft/Union ein einmaliger Ort, aus dem der

Krieg verbannt wurde und an dessen Stelle Diplomatie und Verhandlungen getreten sind. Dies ist ein unglaubliches Stück an Tollkühnheit. Eine politische Struktur mit exekutiver und legislativer Macht kann aber nur funktionieren, wenn die Bürger gut informiert sind. Und: Nur gut informierte Bürger können in die Debatte eingebunden werden und an dieser aktiv teilnehmen. Die Frage ist also: Woher beziehen die Bürger ihre Informationen?

Um die Debatten über Pro und Kontra zu entfachen, brauchen wir Kontrolleure – Wachhunde sozusagen. Das sind die Verbündeten der Bürger. Zweifellos sind hier die unabhängigen Journalisten von größter Bedeutung. Sie stehen für eine grenzüberschreitende Debatte, weil Europa eben aus einem katholischen Süden und protestantischen Norden besteht. Die Bedeutung unabhängiger Journalisten für die Demokratie auf dem alten Kontinent kann nicht hoch genug eingeschätzt werden. Sie sind die vierte Gewalt. Zumindest dann, wenn ihnen Zeit und Raum zur Verfügung steht. Unglücklicherweise sind aber den Journalisten durch rigide Wirtschaftspraktiken viel zu oft die Hände gebunden.

Lokale und nationale Medien behandeln Themen zur europäischen Politik noch immer stiefmütterlich. Ihr Fokus liegt mehr auf den Themen vor der eigenen Haustür. Man folgt der Logik des Marktes. Denn der Großteil der unabhängigen Medien sind nun mal Wirtschaftsunternehmen. So verwundert es nicht, dass ihr Hauptziel der Profit ist und die demokratischen Wünsche erst danach von Bedeutung sind. Können wir von traditionellen kommerziellen Medien einen demokratischen Reflex erwarten? Können wir erwarten, dass sie auf die europäische Politik den gleichen

Fokus legen, wie sie es bei anderen Themen tun? Inwieweit sind sie wirklich die Kontrolleure der Demokratie in Europa? Kann die Presse wirklich die Regierung der EU zur Rechenschaft ziehen? Kann sie Missstände aufdecken? Gibt es auf dieser Ebene einen tiefgehenden Investigativ-Journalismus? Ich fürchte, dass die Antwort auf alle diese Fragen »nein« lautet. Mehr noch: Diese Dinge können wir, da es nicht ihr Hauptziel ist, von den traditionellen Medien nicht erwarten.

Der aktuelle Zustand der europäischen und amerikanischen Medien ist nicht als allzu gut zu beurteilen. Nach den amerikanischen Medien sind nun die europäischen in Schwierigkeiten. Werbeeinnahmen und Zeitungsverkäufe brechen rapide ein. Abonnenten sterben schneller, als neue nachgeboren werden. Das Geschäft der Traditionsmedien ist damit in seinen Grundfesten erschüttert. Ja, es steht zu befürchten, dass es ganz kollabiert. Die Werbeeinnahmen sind im freien Fall. Gleichzeitig verteilen Werbetreibende ihre Budgets nun vor allem über die neuen Medien. Facebook, Google und andere haben sich ein großes Stück des Kuchens verschafft und geben keinerlei Geld für eigene journalistische Aktivitäten aus. Die Öffentlichkeit hat sich daran gewöhnt, dass die Nachrichten kostenfrei zu haben sind. So ist es zunehmend schwierig, sie davon zu überzeugen, dass vernünftige Informationen zu bezahlen sind. Die traditionellen Medien versuchen dem Trend nahezu verzweifelt entgegenzuwirken. Vergrößerungen, oft durch Firmenübernahmen, lautet die magische Formel, die es den Unternehmen ermöglichen soll, die Kosten in ihren wachsenden Portfolios zu verteilen. Synergien zwischen den Marken führen aber zu schmerzhaftem Stellenabbau.

Unzählige Jobs gingen durch diesen Prozess schon verloren und werden weiter verlorengehen. Darüber hinaus streichen die Unternehmen gnadenlos die Gehälter. Eine wachsende Zahl freischaffender Journalisten produziert längst mit einkalkuliertem Verlust. Man ist gezwungen, Urheberrechte abzutreten, wenn man denn »im Spiel« bleiben will. Aus all diesen Gründen nimmt die Zahl europäischer Journalisten alarmierend ab. Alles wird gekürzt: die Anzahl der Journalisten, die Gehälter und auch die Artikel selbst. So geht aber jeglicher Raum für die tiefgehende Recherche verloren.

Die Ergebnisse der wirtschaftlichen Konzentration sind offensichtlich. Zu viele Medienunternehmen landen in den Händen von zu wenigen Besitzern. Darüber hinaus haben in Südeuropa viele Medien traditionell enge Bindungen an die gerade regierenden Politiker, weshalb die gewählten Autoritäten dazu tendieren, großen Einfluss auf die Medien auszuüben. Auf dem Balkan gibt es so gut wie keine unabhängigen Medien. Bei einigen Unternehmen ist es sogar unklar, wem sie gehören. Sie sind selbst nicht transparent, sobald es um Informationen über das eigene Unternehmen geht. Journalisten können nur schwer kritische Reportagen schreiben. Und wenn sie es doch tun, müssen sie fürchten, bedroht zu werden.

Wenn man das alles reflektiert, ist ein Wandel von den traditionellen Medien kaum mehr zu erwarten. In der Zwischenzeit haben sich die meisten Menschen an eine Presse gewöhnt, die bis zu einem gewissen Grad der Regierung beziehungsweise dem Regime gegenüber »loyal« ist. Die Zuschauer sind wohl sogar zufrieden damit, dass sie, ohne eine kritische Sendung oder eine aufklärende Dokumentation gesehen und ohne einen kritischen Artikel gelesen zu haben, zu Bett gehen können. Der Chefredakteur eines bedeutenden belgischen Fernsehsenders sagte in einem Interview: »Nein, ich mag es nicht, vor dem Schlafengehen über etwas zu diskutieren.« Wir lullen uns gegenseitig in den Schlaf. Das Schlimmste, was einer Demokratie passieren kann, ist aber, dass die Menschen das Interesse an der Politik verlieren. Das Vertrauen in die Medien ist im letzten Jahrzehnt dramatisch eingebrochen.

Auch die öffentlich-rechtlichen Medien denken längst in diesem wirtschaftlichen Rahmen. Europäische Regierungen verfolgen eine chronische Sparpolitik und sind in einigen Ländern nicht mehr willens, die gesamten Kosten der öffentlich-rechtlichen Medien zu tragen. Werbeeinnahmen werden gestattet, einige Medien bestreiten bis zu 30 Prozent ihres Budgets auf diese Weise. Dieses wirtschaftliche Hybridmodell führt zu einem unklaren Profil der staatlicherseits subventionierten Medien, da das Modell die Nachrichten vorgibt oder beeinflusst. Diese Finanzierungsmodelle führen zur Tendenz, alles in den wirtschaftlichen Rahmen zu zwängen. Plötzlich werden damit aus Einschalt- und Leserquoten Indikatoren nicht nur für die privaten, sondern auch für die öffentlich-rechtlichen Medien. Um die Werbewirtschaft zu gewinnen, gestalten die Öffentlich-Rechtlichen ihre Radio- und Fernsehstationen so wie die privaten Anbieter. Dies führt zu einer weniger vielseitigen Medienlandschaft und zu angreifbareren öffentlich-rechtlichen Medien, die auch vom Markt abhängen und anhand marktgesteuerter Ergebnisse beurteilt werden. Die Konsequenzen für die Journalisten sind vorhersehbar: weniger tiefgehende, dafür schnellere Recherche und kaum

Berichte zur EU. Gleichzeitig verringert sich der Gewinn der privaten Medien, da beide nahezu auf dieselbe Zielgruppe der Werbetreibenden abzielen.

Woher soll der Wandel kommen? Wer wird, wer kann ihn einläuten? In den Augen der traditionellen Medien ist jede neue Initiative störend, da sie ihr altes Geschäftsmodell so lange wie möglich beibehalten wollen. Sie werden es also nicht sein. Aber wenn nicht sie, wer bitte dann? Wenn wir Informationen wollen, die garantiert außerhalb des kommerziellen Marktes entstanden sind, brauchen wir Journalisten, die sich von den gegebenen Strukturen, in denen sie agieren, emanzipieren. Wenn wir einen qualitativ hochwertigen, tiefgehenden und europäischen Journalismus wollen, der Auswirkungen auf die moderne Demokratie hat, brauchen wir echte demokratische Kontrolleure. Verbündete der Bürger müssen sie sein, die unabhängigen Journalisten. In ihren Händen liegt das Schicksal der Demokratie.

Leider nehmen die Journalisten ihre neue Rolle nicht zufriedenstellend an. Sie zehren sich stattdessen selbst auf bei der Suche nach Gründen, warum sie nur an der Seitenlinie stehen bleiben und sich in den traditionellen Medien verschanzen. Währenddessen gäbe es durchaus neue Technologien, die den Journalisten helfen könnten, sich von den traditionellen Strukturen, in denen sie gefangen sind, zu befreien. Zu diesen neuen Veröffentlichungsplattformen zählen Blogs, Webseiten, Podcasts oder Filme, die allesamt einfach online veröffentlicht werden können. Und es gibt heute Social Media und andere Marketingtechniken, um Reportagen ins Rampenlicht zu befördern.

Ist grenzübergreifender Journalismus teuer? Nein, niemals zuvor waren Flugtickets so günstig und die Mobilität innerhalb Europas so großartig frei wie heute. Gleichzeitig gibt es Hilfsmittel (Skype, Facetime, Viber) für die Kommunikation mit den Kollegen. Ein Projekt mit mehreren Journalisten managen? Eigentlich kein Problem. Online-Hilfsmittel bieten dafür Lösungen an. Und wenn man Geld benötigt, gibt es auch viele Varianten. Crowdfunding ist nur eine Lösung, und die Einrichtung einer Paywall kann ebenfalls in kürzester Zeit durchgeführt werden. Darüber hinaus ist die Unterstützung für unabhängigen Journalismus gestiegen, zum Beispiel durch Organisationen wie Journalismfund.eu – es ist übrigens die Organisation, für die ich arbeite.

Journalisten müssen endlich aufhören über den Zustand der traditionellen Medien zu lamentieren. Wenn sie ihre Glaubwürdigkeit erhöhen und ihren Job ordentlich erfüllen wollen, müssen sie selbst tätig werden. Sie müssen nach einem neuen Geschäftsmodell suchen, das tiefgreifenden und grenzüberschreitenden Journalismus ermöglicht. Laut einer niederländischen Studie zur Zukunft des Journalismus verschwindet eine wichtige Funktion des Journalismus innerhalb der Demokratie, nämlich die Kontrolle und Überwachung der Regierenden. Worauf also warten wir Journalisten noch?

Für uns ist es nötig, die Kräfte zu bündeln, da investigativer Journalismus mit hohen Kosten verbunden ist. Daher müssen Investigativ-Journalisten nach Synergien und möglichen Zusammenschlüssen suchen. Da europäische Themen an verschiedene europäische Medien verkauft werden können, ist es möglich, mit Europa-Berichterstattung gutes Geld einzunehmen. Vielleicht benötigt der investigative Journalist aber auch eine Inspiration aus der Welt der Dokumentarfilmer, die schon seit Jahren innovative Wege zur Finanzierung ihrer Arbeit beschreiten. Der Großteil der in den letzten zehn Jahren veröffentlichten Dokumentationen wurde nicht von einem einzelnen Sender finanziert. Dokumentarfilmer finden meist alternative Wege. Sie werben um Unterstützung bei Sponsoren oder Filmfonds, nutzen Steuersparmodelle und Crowdfunding.

Internationale Konferenzen geben Journalisten die Möglichkeit, sich zu treffen und Ideen und Erfahrungen auszutauschen, was gleichzeitig das gegenseitige Vertrauen verbessert. Neue Vereinigungen investigativer Journalisten schießen wie Pilze aus dem Boden. Die meisten veranstalten jährliche Treffen in ihren Ländern. Journalisten, die sich hervortun wollen, haben keine Gründe mehr, zu Hause zu bleiben. Journalisten können gemeinsam an einem Thema arbeiten. Als Beispiel sei nur das Projekt The Migrants Files, das 2014 auch von Journalismfund.eu finanziert wurde, genannt. Mehr als 15 Medien aus Europa veröffentlichten die Story.

Das wichtigste für Journalisten bleibt die Wirkung ihrer Arbeit. Und Wirkung kann durch gemeinsame Projekte und Veröffentlichungen in verschiedenen Regionen Europas erzielt werden. Man ist als einzelner Journalist weniger angreifbar, wenn man in Gruppen agiert und von einer dritten Partei finanziert wird. Zupackender Investigativ-Journalismus wird also weniger risikoreich. Neun Journalisten arbeiteten an dem oben genannten Projekt. Sie recherchierten die Zahl der Immigranten, die seit 2000 bei dem Versuch, nach Europa zu gelangen, gestorben sind.

Wenn wir Pluralismus in den europäischen Nachrichten haben wollen, ist es notwendig, ein Klima für journalistischen Unternehmergeist in ganz Europa zu schaffen. Wir brauchen ein neues Modell für europäischen Investigativ-Journalismus. Grenzüberschreitende Kooperation zwischen den bereits bestehenden Zentren könnte ein Meilenstein für die öffentliche Debatte werden.

Es gibt immer noch viele Dinge in der Welt, die falsch laufen. Diese Dinge wirklich zu benennen, wird nur möglich sein, wenn die Öffentlichkeit all die Fälle von Veruntreuung, Bestechung, Machtmissbrauch, Inkompetenz etc. kennt. Der erste Schritt, um solche Missstände zu bekämpfen, ist die Enthüllung. Deshalb braucht die EU emanzipierte Journalisten, die sich der Herausforderung stellen.

Die neue hässliche Ordnung des Fruchtbaren Halbmondes

von Stefan Buchen

Was wäre gewesen, wenn die USA 2003 nicht im Irak einmarschiert wären? Vielleicht muss man den Umweg über den kontrafaktischen Gedanken gehen, um etwas Licht in die gegenwärtige »Obskurität« nahöstlicher Verhältnisse zu bringen. Was gewesen wäre, ist der spekulativere Teil der Antwort. Leichter lässt sich sagen, was nicht gewesen, was uns erspart geblieben wäre. Die USA und der gesamte Westen hätten sich nicht dem Vorwurf des brachialen Neoimperialismus ausgesetzt, zumal die Begründung für die Invasion – Massenvernichtungswaffen im Besitz von Saddam Husein – erfunden war und das irakische Regime mit den Anschlägen vom 11. September 2001 nichts zu tun hatte. Gegen alle Fakten und Vernunft war die Mehrheit der US-amerikanischen Öffentlichkeit Anfang 2003 überzeugt, dass Saddam für 9/11 bestraft werden müsse – ein Riesenerfolg der Bush-Propaganda.

Ohne die US-Invasion wäre in Bagdad keine schiitisch geprägte, eng mit Iran kooperierende Regierung zur Herrschaft gelangt. Die entmachteten Baathisten wären kein

Bündnis mit radikalen Sunniten eingegangen, um einen heimlichen »zweiten Staat« im Untergrund des neuen Irak zu gründen. Aus diesem Untergrundstaat hätte kein »Islamischer Staat« hervorgehen und zehn Jahre später auf verheerende Weise in den syrischen Krieg eingreifen können. Der seit 1979 schwelende innerislamische Religionskrieg zwischen Schiiten und Sunniten wäre nicht auf eine neue gefährliche Eskalationsstufe gesprungen. Fanatische Islamisten hätten sich nicht in ihrem Handlungsmuster bestätigt gefühlt, mit medienwirksamen Gewaltprovokationen die USA und den Westen in immer neue Kämpfe hineinziehen und so langfristig schwächen zu können. Man müsste sich heute wohl nicht der Mühe unterziehen, hinter dem scheinbaren »Chaos« des Mittleren Ostens die beängstigende Fratze einer neuen Ordnung zu erkennen, die hässlicher ist als alle früheren.

Wäre Saddam an der durch Flugverbotszonen und Embargo eingeschränkten Macht geblieben und hätte er versucht, diese Restmacht, ähnlich wie alle übrigen Potentaten der arabischen Welt, an seine Söhne zu vererben, wäre auch der Irak von der unvermeidlichen Protestwelle des arabischen Frühlings erfasst worden. Das bedeutet nicht, dass Frieden, Freiheit und Wohlstand im Fruchtbaren Halbmond und in Nordafrika ausgebrochen wären. Eine Arabellion hätte auch dann ihre Mängel gehabt. Aber an Euphrat und Tigris hätte die Geschichte wohl keinen so katastrophalen Lauf genommen. Vor allem: Der Westen hätte eine ganz andere politisch-moralische Autorität gehabt, einem mit Chemiewaffen und Fassbomben um sich werfenden Jungdiktator in Damaskus Einhalt zu gebieten. Womöglich wäre die Bereitschaft dazu ohne die Vorgeschichte aus

Shock and Awe sogar dagewesen, zumal Russland und China im UN-Sicherheitsrat nicht so unverhohlen das Asad-Regime gedeckt hätten.

»100 Jahre Krieg« hat der ehemalige CIA-Agent Robert Baer, neben Edward Snowden der vielleicht wichtigste Dissident der Vereinigten Staaten, als Folge des Irak-Abenteuers vorausgesagt. Erst unter der US-Besatzung konnte sich der Djihad-fixierte sunnitische Islamismus im Irak breitmachen, jener Islamismus, den die USA nach 9/11 doch eigentlich zurückdrängen wollten. Der von westlichen Truppen besetzte Irak, Urgrund und Phantasiespiegel früherer islamischer Größe, wurde zum Anziehungspunkt für Heilige Krieger aus den Ländern des Orients und der muslimischen Diaspora im Okzident.

Aber das war nicht alles. Mit ihrem Einzug in Bagdad haben sich die amerikanischen Herren in gefährliche Nähe zu einem anderen Erzfeind begeben, dem Iran. Zunächst war den Machthabern in Teheran tatsächlich ein »Schock« in die Glieder gefahren. Sie fürchteten, die Bush-Krieger könnten, als wären sie das Heer Alexander des Großen, ihren Feldzug bis nach Persien fortsetzen, das sie ja neben dem Irak auf der »Achse des Bösen« verortet hatten. *Regime Change* war das erklärte Ziel der US-amerikanischen Iran-Politik. Die Befürchtung der Mullahs und Revolutionsgarden zerstreute sich indes rasch. Vielmehr entdeckten sie die verlockende Möglichkeit, den auf Stadt- und Wüstenpisten des Zweistromlandes patrouillierenden GIs schmerzhaften Schaden zuzufügen. Die meisten im Irak gefallenen US-Soldaten starben durch *Improvised Explosive Devices* (improvisierte Sprengladungen) aus iranischer Schmiede. Parallel zu diesem Untergrundkrieg gegen die Truppen des »Großen Satans« wusste die Islamische Republik die politische Chance zu nutzen, die sich aus der dem Irak aufgezwungenen »Demokratie« ergab. Die schiitische Bevölkerungsmehrheit wählte ab 2005 sukzessive Regierungen, die in Teheran ihren wichtigsten Verbündeten sahen. Eine beispiellose Ironie der Geschichte.

Eine Intensivierung des von Huntington vorhergesagten *Clash* zwischen dem Westen und auf Rache, Provokation und Selbstbehauptung fixierten Strömungen in der islamischen Welt ist aber nur eine und womöglich nicht die wirkmächtigste Folge der US-Invasion im Irak. Prägender für die Region zwischen Aden und Ankara, Karachi und Kairouan ist der seit 2003 immer erbitterter geführte innerislamische Religionskrieg zwischen Sunniten und Schiiten. Motor dieses sektiererischen, an den Dreißigjährigen Krieg in Europa erinnernden Konflikts ist die Rivalität zwischen Iran und Saudi-Arabien, die mit dem Massenaufstand gegen den Schah und der Errichtung der Islamischen Republik Iran 1979 begann. Vom Sieg der Revolution im Namen der Rückbesinnung auf den »reinen Islam« des Propheten Muhammad beflügelt, untermauerte Ayatollah Khomeini seinen Führungsanspruch in der islamischen Welt über die Grenzen Irans hinaus. Sichtbarstes Zeichen waren die Gründung der Schiitenmiliz Hizbullah im Libanon und das Bündnis mit dem syrischen Machthaber Hafiz al-Asad, dessen Familie der schiitischen Gemeinschaft der Alawiten angehört.

Dem schiitischen Führungsanspruch widersetzte sich der saudische König. Bis dahin hatte das Bündnis der Familie Saud mit den streng sunnitischen wahhabitischen Religionsgelehrten vornehmlich der Legitimierung im Innern

gedient. Nun sandte Saudi-Arabien die Glaubenseiferer ver-
mehrt über die Grenzen der Arabischen Halbinsel hinaus,
um dem Nimbus Khomeinis etwas entgegenzusetzen. Zudem unterstützte Saudi-Arabien in den achtziger Jahren das
Saddam-Regime im Krieg gegen Iran. Während der Diktator von Bagdad noch den arabischen Nationalismus als
Hauptmobilisierungsfaktor nutzte, sahen die Saudis diesen
Krieg schon unter dem Aspekt der innerislamischen religiösen Rivalität.

Diese Rivalität weitete sich im Schatten der US-Besatzung des Irak zu einem sektiererischen Bürgerkrieg aus mit
all den bekannten Begleiterscheinungen: Terroranschläge
mit Dutzenden Toten, Sprengung von Moscheen der anderen Glaubensrichtung, konfessionelle Säuberungen von
Stadtvierteln, massenhafte Inhaftierung und Folter, wech-
selseitige Anathemata. Was zwischen Sommer 2003 und
Herbst 2011 im Irak geschah, war die räumlich begrenzte
Vorstufe zu dem, was wir heute im gesamten Gebiet des
Fruchtbaren Halbmondes und darüber hinaus sehen: ein
entfesselter Religionskrieg, in dem der Sunnit der Feind
des Schiiten ist. Syrien, Jemen und der Irak sind die Haupt-
schlachtfelder. Der Funke kann sich jederzeit in Bahrein
und im Libanon entünden. Politisch geht es dabei um die
Frage, ob man auf Seiten Irans oder Saudi-Arabiens steht.
Sozialpsychologisch haben sich die Prioritäten dramatisch
verschoben. Während die Konfessionszugehörigkeit vor zwei
Generationen im Alltag der Muslime noch sekundär war, ist
sie heute zum bestimmenden Identitätsmerkmal geworden.
Wer sich nicht in das neue Ordnungsprinzip fügt – säkulare Muslime, Christen, Yeziden –, sieht sich zunehmend als
Fremder in der neuen totalitären Kriegswirklichkeit.

Die von Wikileaks im Sommer 2015 enthüllten saudischen Regierungsdokumente belegen, wie sehr die sunnitische Monarchie von der Wahnvorstellung eines dominanten Iran besessen ist. Im Lauf der Jahre hat sich abgezeichnet, dass die saudische Position einen großen Vorteil für sich verbuchen kann und von einem schweren Nachteil belastet wird. Der Vorteil ist ein zahlenmäßiger: Mehr als 80 Prozent der Muslime sind Sunniten. Der Nachteil liegt in einem uralten Topos der Staatskunst. Wer muss den Löwen mehr fürchten? Der Feind oder der Reiter auf seinem Rücken?

Die Ölmonarchie ist, genau wie die kleinen Golfemirate, ein traditioneller Verbündeter der USA und des Westens. Gleichzeitig fördern sie eine religiöse Strömung, die neben den »internen Abtrünnigen«, den Schiiten, den Westen als Feind bekämpft. Saudi-Arabien und Qatar sind also die Paten von Gruppierungen, die von den westlichen Verbündeten als Terroristen gesehen werden und die sich am Ende auch gegen die Herrschaftssysteme auf der Arabischen Halbinsel richten könnten. Die sunnitischen Golfstaaten reiten auf dem Rücken des Löwen. Diese Ambivalenz spiegelt sich in der Entstehungsgeschichte von al-Qaida und ist dann am 11.09.2001 jäh zutage getreten. Im gegenwärtig eskalierenden sunnitisch-schiitischen Religionskrieg setzt sich der Zwiespalt fort. Die Beweise, wie genau, mit wie viel Geld und Waffen Saudi-Arabien und Qatar den IS und andere sunnitische Milizen wie die Nusra-Front in Syrien unterstützt haben, liegen nicht vor. Dass es diese Unterstützung gab, ist unzweifelhaft. Ob sie immer noch läuft, ist nicht klar. Denkbar ist es jedenfalls.

Gegen Ende ihrer Amtszeit ist der Regierung Obama diese Ambivalenz zunehmend bewusst geworden. Zunächst schien Obama noch intensiv an das Paradigma geglaubt zu haben, der »böse« sunnitische Islam (al-Qaida und IS) sei mit Hilfe des »guten« sunnitischen Islams auszutreiben. Die »aufgeklärten«, »rational handelnden« Herrscher der arabischen Welt, angefangen beim saudischen König und den Emiren von Qatar und Dubai, sollten dabei helfen. Dann keimte sogar, im Frühjahr 2011, kurzzeitig die Hoffnung, der gute, säkularisierte Islam könnte im Zuge der zivilen Arabellion insgesamt die Oberhand gewinnen.

Die Zivilität ist inzwischen gestorben. Den »bösen« mit dem »guten« Islam bekämpfen zu wollen, hat sich als Unterfangen mit unzähligen Fallstricken erwiesen. Es ist eben ein schwer auszuhaltender Widerspruch, wenn der Despot, der sich im diplomatischen Gespräch als »aufgeklärt« gibt, hinter den Kulissen in machiavellistischer Geste und aus regionalpolitischem Kalkül die Kräfte des Rückfalls in die Barbarei hochzüchtet.

So ist im Übrigen Obamas Drang zu erklären, unbedingt ein Abkommen mit dem Iran zu schließen. Die Nuklearfrage bildet den Gegenstand des Abkommens vom Juli 2015. So real dieser Streitgegenstand zwischen Iran und den USA auch sein mag, so vordergründig bliebe eine Betrachtung, die davon ausgeht, dass es dabei tatsächlich nur um das iranische Atomprogramm geht. Nein, die USA suchen einen dauerhaften politischen Draht nach Teheran, scheinen sich eine Annäherung zu wünschen. Die Regime Change-Politik der Bush-Regierung ist Vergangenheit. Washington will in der gespaltenen islamischen Welt und angesichts der Erfolge des IS nicht mehr allein auf die ambivalenten sunnitischen Autokratien setzen, deren Lebensdauer ungewiss erscheint. Es dürfte zudem eine Horrorvision für die Strategen im Weißen Haus und im Pentagon sein, dass Russland und China im Mittleren Osten den schlagkräftigeren Verbündeten haben. So viel Wert scheint die Obama-Regierung auf das Rapprochement mit Teheran zu legen, dass man dafür saudische Eifersucht und eine ernsthafte Verstimmung mit Israel in Kauf nimmt.

Mit Führung und Gestaltung haben solche Neujustierungen freilich nichts zu tun. Es sind hilflose Reaktionen auf den entfesselten Lauf des Kriegsmonsters. Niemand hat einen Plan, wie es wieder einzufangen ist. Niemand weiß, wann sich seine Haupttriebskraft, der sektiererische Fanatismus, erschöpft haben wird. Abzusehen ist, dass das Kriegsmonster die Grenzen der Staatenordnung des Fruchtbaren Halbmondes niedertrampeln wird. Ohne gestaltende Hand, ohne verbindliche internationale Abkommen über eine politische Neuordnung der Region werden sich »De-facto-Situationen« einrichten. Wilde Männer mit Kalaschnikows werden an improvisierten Grenzposten Wegezölle verlangen von Lastwagenfahrern, die von den UN bezahlt werden, um Lebensmittelnotrationen irgendwohin zu bringen.

Ein nachdenklicher Mensch nahöstlicher Herkunft, der die Achtzig überschritten hat, muss sich heute so ähnlich fühlen wie ein nachdenklicher älterer Europäer im Jahre 1943. Der Orientale wird sich an die Zeit um 1950 mit ähnlicher Nostalgie erinnern wie der Europäer an die Zeit um 1900 – Zeiten des Optimismus und des Aufbruchs. Was für den Europäer die irreal scheinende Erinnerung an den rasanten technischen und zivilisatorischen Fortschritt und recht stabile politische Verhältnisse war, ist für den älteren Leidensmenschen aus dem Orient das ferne Gedenken an die junge politische Unabhängigkeit, den frischen Stolz und die neue Freiheit nach dem Ende des Kolonialismus. Fassungslos stehen beide vor den Trümmern und fragen: »Wie konnte dies alles im Laufe eines kurzen Menschenlebens verspielt werden?« Was in der Jugend war, ist abgeschnitten, verloren. Es ist die »die Welt von gestern«.

Der 1930 in Nordsyrien geborene und heute in Paris lebende Dichter Ali Ahmad Said (Adonis) transportiert diese Stimmung ähnlich, wie es Stefan Zweig in den »Erinnerungen eines Europäers« getan hat. Eindringlich erklärt Adonis, dass die Katastrophe nicht allein den Herrschenden angelastet werden kann, sondern er fragt nach der Verantwortung jedes Einzelnen, nach der verblüffenden Selbstverständlichkeit, mit der sich das Individuum in fatale kollektive Zwänge einbinden lässt.

Die neuen Staaten des Orients übernahmen nach der Unabhängigkeit ausgerechnet jene Formen der Massenmobilisierung und geheimpolizeilichen Massenkontrolle, die Europa ins Unglück gestürzt hatten. Auch die fundamentalistischen Islam-Bewegungen, die die säkularen arabischen Despoten in den 60er bis 80er Jahren erfolglos herausforderten, stellten diese Herrschaftsinstrumente des europäischen Totalitarismus nie infrage. Im Gegenteil, auch sie hängen an der importierten Praxis. Khomeini übernahm die Methoden der »Savak«, des früheren iranischen Nachrichtendienstes, die improvisierten Gefängnisse der Nusra-Front orientieren sich an der Kerkerroutine unter Asad, und »die schwarze Macht« des IS ist bei den Geheimdienstoffizieren der irakischen Baath-Partei in die Schule gegangen (s. Christoph Reuter: Die schwarze Macht, München 2015).

Das »Weinen über den Trümmern« ist die älteste Figur der arabischen Dichtung. Sie reicht in vorislamische Zeit zurück. Gemeint waren die Reste des vor Zeiten abgebrochenen Zeltlagers, in dem das lyrische Ich die Geliebte getroffen hatte. Ein Pflock im Sand, ein Stofffetzen, ein durchgerittener Sattel, Fuß- und Hufspuren, »verwischt wie die aramäischen oder hebräischen Buchstaben auf einem verblichenen Pergament«, erinnern an die Stunden des Glücks.

Heute ist die Dimension eine andere. Es darf, es muss über den Trümmern von Aleppo und Saada geweint werden. Die Reste der alten sesshaften orientalischen Zivilisation, die in die Moderne hinübergerettet und trotz des Wucherns der »neuen Städte« bewahrt werden konnten, zerbersten in Bombenhagel und Feuer. Worauf sollen kommende Generationen ihre Identität gründen? Dichtende Nomaden gibt es nicht mehr, das Nomadentum ist hingegen präsenter denn je. Zeltplanen und -pflöcke erleben eine surreale Renaissance. Hunderttausende Entwurzelte hausen in Flüchtlingslagern im zweiten, dritten oder vierten Jahr in Folge.

Im Mai 2015 stürmte ein Trupp des IS, trotz Lufthoheit der US-Armee, die von regierungstreuen Einheiten gehaltene irakische Stadt Ramadi am Euphrat. »Ein Sandsturm« sei ihnen zugute gekommen, hieß es in den Nachrichten. Im Schutze des gelben Windes hatten die IS-Kämpfer zu ihrem Eroberungszug angesetzt. So tricksten sie die US-Luftwaffe aus, die ihre Jagdbomber und Drohnen am Boden bzw. auf den Flugzeugträgern im Persischen Golf lassen mussten.

Eine passendere Kulisse hätte kein Künstler finden können für die Ritter der Apokalypse. Die öffentliche Debatte in Deutschland dreht sich um »den unaufhaltsamen Vormarsch der Gotteskrieger« mit der schwarzen Fahne. Die für Medienleute glückliche Mischung aus Schauder, heimlicher Faszination, Abscheu und Selbstvergewisserung spült die immer gleichen Fragen in den Mittelpunkt der Berichterstattung: Wie groß ist die Gefahr für uns? Warum ist die Schutzschicht der Zivilisation so dünn? Was bringt junge Leute, die bei uns aufgewachsen sind, dazu, sich solchen Gruppen anzuschließen?

Die Aufmerksamkeitsspanne der Öffentlichkeit reicht nur bis zu den düsteren Akteuren. Ihre Schlagkraft scheint aufgewertet, weil sie fähig sind, ein Naturereignis in eine Kriegslist umzumünzen. Die Kulisse des endzeitlichen Gemäldes muss jedoch näher betrachtet werden. Sandstürme gab es an Euphrat und Tigris im Frühjahr schon immer. Aber sie sind heftiger geworden in letzter Zeit und sie haben sich auf das ganze Jahr ausgebreitet. An immer mehr Tagen hüllt der gelbe Wind Städte und Menschen in einen apokalyptischen Dunst. Das Problem ist so akut, dass die UN es schon vor dem Eroberungszug des IS auf die Tagesordnung gerufen haben.

Der Klimawandel macht keinen Bogen um die Kriegsgebiete des Fruchtbaren Halbmondes. Die vermehrten Sandstürme sind nur ein Beispiel dafür. Die genaue Ursache dieses speziellen Phänomens ist nicht klar. Aber unstrittig ist, dass es in Zusammenhang mit den globalen Klimaveränderungen gesehen werden muss. Hausgemachte Umweltzerstörungen kommen hinzu. Von der mutwilligen Trockenlegung der Sumpfgebiete (»al-Ahwar«) am Unterlauf von Euphrat und Tigris, einer »Kriegslist« von Saddam Husein, über fragwürdige Staudammprojekte, die zu Versalzung der Böden führen, bis zum exzessiven Trinkwasserverbrauch zieht sich die Liste der Versündigungen an den natürlichen Lebensgrundlagen in den sensiblen Ökosystemen des semiariden Mittleren Ostens in die Länge.

Die Menschen sind überfordert. Sie begreifen die Natur als Feind. Die zahlungskräftigen unter ihnen schützen sich mit immer leistungsstärkeren Klimaanlagen, cruisen in immer panzerähnlicheren SUVs, gehen immer weniger zu Fuß. Es gibt die speziell nahöstlichen Formen der »Mitigation«.

Der Verkauf fossiler Brennstoffe an den Weltmarkt, der aus dem *failed state* Irak recht reibungslos funktioniert, spült frisches Geld in die Kriegskasse. Dass die Kohlenstoff-Dynastien vom Golf ihre Petrodollars zur Wahrung des Staatswohls teilweise in sunnitische Extremistengruppen stecken, ist schon gesagt worden. Der IS selbst verkauft auch Erdöl, wenngleich in unvergleichbar bescheideneren Dimensionen. Es ist inzwischen eine Binsenweisheit, dass die *carbon economy* den Extremismus im Mittleren Osten nachhaltig anheizt. Ohne das Primat der *carbon economy* wäre der Extremist Bush wohl erst gar nicht in den Irak einmarschiert.

Die herrschenden Ideologien, der religiöse Fundamentalismus, das Sektierertum, der Patriarchalismus, der Tribalismus, der Neoliberalismus, der Konsumerismus und der »Extraktivismus«, um mit Naomi Klein zu sprechen (s. Naomi Klein, This changes everything. Capitalism versus the Climate, Toronto 2014), mögen rückständig und teilweise »mittelalterlich« sein. Jedenfalls hat eine gefährliche Mischung aus all dem auch den Mittleren Osten in die globale Gegenwart, den Anthropozän, katapultiert. Und der Aufprall ist hier härter als in anderen Teilen der Erde.

Gleichzeitig sind die Gesellschaften dort weiter davon entfernt als anderswo, sich den Fragen der Grenzen des Wachstums und der drohenden Zerstörung der natürlichen Lebensgrundlagen zu stellen. Sie sind ja mit Krieg beschäftigt. Und die Teile, die (noch) nicht unmittelbar vom Krieg berührt sind, in Riyadh, Djidda, Beirut, Dubai und Doha, streben nach Konsum. In der idealen orientalischen Stadt von heute müssten eigentlich der Mathematiker al-Khwarizmi, der Astronom und Geograph al-Biruni oder der Arzt Ibn Sina die identitätsstiftenden Vorbilder einer neuen, zeitgemäßen Wissensgesellschaft sein, wie der Journalist Christian Schwägerl meint (Christian Schwägerl, Menschenzeit, München 2010).

Davon kann im Moment keine Rede sein. Vielleicht muss man sich damit trösten, dass wenigstens noch kein Islamprediger den Begriff des »Anthropozän« als »gotteslästerlich« gebrandmarkt hat. Eigentlich läge dies nahe. Denn es ist doch eine Allah beleidigende Vorstellung, dass der Mensch fähig wäre, die Schöpfung des Allmächtigen zu verändern. Das Alarmierende überwiegt allerdings das Tröstende. Denn ausgerechnet dem IS kommen die klimatischen Veränderungen zugute. Es wäre jedoch ein Fehler, den IS-Kämpfern ihre Kriegslist von Ramadi zu hoch anzurechnen. Sandstürme sind inzwischen die Regel. Die Ritter der Apokalypse haben nichts Geniales.

Der Harvard-Professor für Psychologie Stephen Pinker würde Entwarnung geben. All das medial zelebrierte Kopfabschneiden, Kreuzigen und Verbrennen im Mittleren Osten, all die Nackenschüsse sind zu vernachlässigende Einzelfälle, geringfügigste Abweichungen von der alles überragenden Norm des *civilizing process*. Insgesamt stürben statistisch doch immer weniger Menschen durch Mord und Totschlag. »Die gütigeren Engel unserer Natur« hätten gesiegt (s. Stephen Pinker, The Better Angels of our Nature, Boston 2011).

Der optimistische Harvard-Professor hat sein Werk zwar in dem Jahr veröffentlicht, in dem der syrische Bürgerkrieg gerade erst begann. Aber man darf annehmen, dass dieser Gewaltausbruch ihn ebensowenig erschüttert, wie es andere Kriege der jüngsten Menschheitsgeschichte getan haben. Er liebt die Zahlen und würde womöglich das Beispiel der Stadt Aleppo anfügen. Auch jetzt, nach vier Jahren Krieg, leben dort noch immer zehnmal mehr Menschen als vor 100 Jahren, mehr als eine Million im Vergleich zu leicht mehr als 100.000. In Syrien leben immer noch fast 10 Millionen Menschen auf eigenem Hof und Grund, viermal mehr als zur Zeit des französischen Mandats. Das ist ein riesiger Fortschritt. Den können die zwölf Millionen syrischen Flüchtlinge nicht trüben. Die haben ja immerhin überlebt.

Aber selbst die dümmlichsten Thesen eines Harvard-Professors haben ihre anregende Seite. Eine Bevölkerungsexplosion mildert die Mordstatistik. Darauf muss man erst mal kommen. Sollen wir uns also damit begnügen, dass die Frage, *wie* die eine Million verbliebenen und die drei Millionen geflüchteten Aleppiner leben, keine Rolle spielt, wenn wir den Stand der Zivilisation bewerten wollen? Tatsache ist, dass schon vor dem Krieg das Urteil nicht positiv ausgefallen wäre. Die Landflucht in Syrien hatte, wie in allen übrigen Staaten des Mittleren Ostens, beängstigende Ausmaße angenommen. Viele Demonstranten kamen beim Aufstand gegen das Asad-Regime aus den Reihen der verarmten, jüngst in die wuchernden Peripherien der Großstädte gezogenen Landbevölkerung.

Jetzt nimmt die demografische Entwicklung den bekannten Lauf. Mehr als die Hälfte der syrischen Bevölkerung sind Kriegsflüchtlinge. Europa und die reichen Golfstaaten machen ihre Grenzen dicht. Deutschland und andere EU-Staaten nehmen »als humanitäre Geste« einige Tausend Syrer auf. Im Übrigen führt man Krieg gegen die Schlepper im Mittelmeer.

Wir wollen mit der Sache nichts zu tun haben. Alle auf die Krise im Fruchtbaren Halbmond bezogenen Handlungen der Bundesregierung (und Europas) sind Alibi-Handlungen: Patriot-Abwehrraketen der Bundeswehr in der Türkei, damit Asads Luftwaffe nicht den Nato-Partner angreift, Militärausbildung und Waffen für die »guten Kurden«, nicht für die »schlechten« der PKK, um den IS einzudämmen, Millionenzahlungen an die UN, um Flüchtlinge und andere Bedürftige vor Ort zu alimentieren.

Die Massenalimentierung im Krisengebiet wirft inzwischen schwerwiegende Fragen auf. 40 Millionen Menschen zwischen Aden und Ankara empfangen humanitäre Nothilfe. Die internationale Gemeinschaft verabreicht dieser wachsenden Gruppe die überlebensnotwendigen Kalorien, Trinkwasser, Antibiotika und Kapseln gegen Durchfall. Die verschiedenen UN-Unterorganisationen meistern die logistische Herausforderung immer professioneller. Das Geld dafür kommt irgendwie zusammen. Die Menschen im Krisengebiet sterben nicht an Hunger oder Durst, sondern durch Kriegshandlungen oder schwere Krankheiten. Aber wie lange soll das so weitergehen? Die Kriegsparteien in Syrien, im Irak und im Jemen haben sich gemütlich in diesem

System eingerichtet. Sie können weiter Krieg führen, ohne sich über die Kalorienversorgung ihres jeweiligen Staatsvolks den Kopf zerbrechen zu müssen. Dies gilt letztlich auch für die Regierung Netanjahu und die Hamas. Solange sie keinen eigenen Staat haben, gehören die en masse alimentierten und hin und wieder bombardierten Palästinenser de facto zum israelischen Staatsvolk.

Niemand hat die internationale Nothilfe so geschickt zum Machterhalt genutzt wie der syrische Diktator Asad. Indem er einen Großteil der Notrationen über Damaskus lenkt, bestimmt er mit, wohin die Rationen verteilt werden. Das ist der letzte, aber sichere Weg, verlorene Loyalität zurückzugewinnen. Was soll aus den Kindern werden, die in diesen Verhältnissen aufwachsen?

Die internationale Gemeinschaft muss sich fragen, inwiefern sie durch die dauerhafte Leistung humanitärer Nothilfe die bestehenden Verhältnisse zementiert und sogar legitimiert. Diese Frage drängt umso heftiger, je länger politische Lösungen ausbleiben. Ernsthafte Bemühungen darum sind Mangelware. Der Preis, den die Menschen im Kriegsgebiet und die ganze Welt für die katastrophale Interventionspolitik des Westens nach 9/11 bezahlen müssen, steigt in die Höhe.

Aufklärung frei nach Kant

von Britta Petersen

Als Gretchenfrage wird für gewöhnlich eine solche bezeichnet, die der Befragte nur widerwillig beantwortet. Es erscheint daher überraschend, dass rund 300 Jahre nach Beginn der Aufklärung die Frage nach der Religion in Europa noch immer Bauchschmerzen bereitet.

Wie kommt es, dass in einer Region der Welt, in der Religionsfreiheit garantiert ist und die meisten Bürgerinnen und Bürger kein Problem damit haben, sich als Christen, Atheisten, Buddhisten oder Agnostiker zu bezeichnen, die Frage nach einer bestimmten Religion – dem Islam – auf einmal zum Problem wird? Die reflexhafte Antwort besteht darin, dem Islam die Schuld daran zu geben. Ist er nicht gewalttätig, frauenfeindlich, anti-demokratisch, unaufgeklärt? Steht er damit nicht europäischen Werten diametral entgegen?

Diese Thesen sind viel diskutiert worden, und ich halte sie für falsch. Ich möchte aber vor allem aus einem Grund nicht näher auf sie eingehen: Die Gretchenfrage, so wie sie uns aus Goethes »Faust« bekannt ist, zielt direkt auf die Gesinnung des Befragten. Und es wäre zu einfach, sich mit den tatsächlichen, gefühlten oder auch eingebildeten Eigenschaften des Islam herauszureden. Dabei befänden wir uns durchaus in guter Gesellschaft. Auch Faust versucht sich zunächst herauszureden, als Gretchen ihm die Frage nach seinem Christentum stellt.

Doch Gretchen insistiert und bleibt zu Recht misstrauisch, denn wie wir wissen, hat Faust einen Pakt mit dem Teufel geschlossen. Hier soll denn auch die Parallele zu Goethes Drama enden, obwohl sich daraus sicher an der einen oder anderen Stelle noch rhetorisch Funken schlagen ließen. Doch zumindest für uns in Europa ist der Teufel ein toter Hund. Auch will ich die Gretchenfrage hier nicht als eine nach dem Glauben an diesen oder jenen oder einen Gott behandeln, sondern als die nach unseren Werten als aufgeklärte, säkulare Gesellschaft. Dass es sich um eine solche handelt, wird an der noch nicht zu Ende geführten Diskussion deutlich, ob nun der Islam oder nur die Muslime zu Deutschland gehören. Die Tatsache, dass diese kleine Rabulistik von einer christlichen Partei aufgebracht wurde, ist vermutlich kein Zufall.

Bekennen sich Deutschland und Europa dazu, Einwanderungsgesellschaften zu sein? Und sind sie bereit, die damit verbundenen, notwendigen politischen und gesellschaftlichen Anpassungen vorzunehmen, auch wenn die Einwanderer muslimischen Glaubens sind? Das ist die Frage, um die sich bisher fast alle herumdrücken.

Die Wirtschaft, die stets für Zuwanderung geworben hat, um der Überalterung der Gesellschaft und dem damit verbundenen Rückgang der erwerbstätigen Bevölkerung entgegenzuwirken, versteckt sich hinter der Politik, die wiederum Angst hat vor dem Urteil der Bevölkerung. Warum?

Ich möchte hier drei Thesen dazu wagen. 1. Wir sind gar

nicht so aufgeklärt, wie wir immer meinen. 2. Der Islam dient uns als Projektionsfläche für das, was wir gerne wären, aber noch nicht sind. 3. Die Antwort auf das Problem kann nur Aufklärung sein (und sicher nicht ein forcierte »Kampf der Kulturen« oder ein »Krieg gegen den Terror«).

Aber der Reihe nach. Ich möchte hier Aufklärung in der klassischen Formulierung Immanuel Kants verstanden wissen als »Ausgang des Menschen aus seiner selbst verschuldeten Unmündigkeit«. Unmündigkeit wiederum »ist das Unvermögen, sich seines Verstandes ohne Leitung eines anderen zu bedienen.«

Exemplarisch für eine bis heute noch defizitäre Aufklärung in Europa erscheint mir der Aufstieg rechts-populistischer Parteien, die sich nun statt des nicht mehr hoffähigen Antisemitismus eine Form der Islamkritik auf die Fahnen geschrieben haben, die weit entfernt ist von Religionskritik in der Tradition der Aufklärung. Dass die dennoch auch in Teilen der Gesellschaft Resonanz findet, die nicht zur Wählerschaft dieser Parteien gehören, verweist auf meine zweite These, und ich möchte dies mit einer kleinen Statistik belegen.

Kurz nach dem islamistisch motivierten Attentat auf das französische Satire-Magazin »Charlie Hebdo« Anfang 2015 veröffentliche der »Economist« eine interessante Grafik. Sie stellt dem tatsächlichen Anteil der muslimischen Bevölkerung in verschiedenen europäischen Ländern den »gefühlten« Anteil entgegen. Danach waren acht Prozent der Bevölkerung Frankreichs Muslime, während die Franzosen glaubten, es seien 31 Prozent. In Deutschland leben rund sechs Prozent Muslime, während die Menschen meinen, es seien 19 Prozent. Und ähnliche Abweichungen sind in allen europäischen Ländern zu finden. Eine solche Fehlwahrnehmung kann nur ein Effekt xenophobischer Propaganda sein und ist auch schon an anderer Stelle beobachtet worden. Die Zahl der Ausländer – Juden, Muslime und anderer als problematisch empfundener Minderheiten – wird in vielen Ländern überschätzt und damit auch ihr Einfluss.

Das hat ernsthafte Folgen für die Politik, die sich zum Teil bis heute scheut, mit ihren Wählern ehrlich über die Frage der Einwanderung zu diskutieren. Hier greift Kants Präzisierung der Aufklärungsdefinition: »Selbstverschuldet ist diese Unmündigkeit, wenn die Ursache derselben nicht am Mangel des Verstandes, sondern der Entschließung und des Mutes liegt, sich seiner ohne Leitung eines anderen zu bedienen.«

Die Folge ist, dass wir es nun mit zehn bis 20 Prozent »eingebildeten Muslimen« in Europa zu tun haben. Da kann es nicht verwundern, dass viele der Themen, die die Öffentlichkeit in den vergangenen Jahren beschäftigt haben, weitaus größer erscheinen, als sie in Wahrheit sind. Etwa die Frage, ob Frauen einen Ganzkörperschleier in der Öffentlichkeit tragen dürfen. Man stelle sich nur vor, dass 31 Prozent der Französinnen mit einer Burka verhüllt ihre Einkäufe machten. Kein Wunder, dass die Regierung in Paris darin eine Gefahr für die öffentliche Ordnung zu erkennen glaubte und ein Burka-Verbot beschloss.

Ich möchte mit dieser Karikatur nicht die interkulturellen Probleme negieren, die Einwanderung mit sich bringt, sondern dazu auffordern, diese realistisch zu sehen, statt sich in Scheindebatten zu ergehen. Was bedeutet es, dass Deutschland und andere europäische Länder zwischen sechs und acht Prozent muslimische Bürger haben?

Es bedeutet sicher keine Gefahr für die europäische Lebensweise. Vielleicht wäre das bei 31 Prozent anders, aber selbst dies ist keine ausgemachte Sache, denn die meisten europäischen Muslime leben nicht wesentlich anders als ihre katholischen, evangelischen, atheistischen oder auch buddhistischen Mitbürgerinnen und -bürger. Und wenn sie es doch tun, sind dies meist Unterschiede, die in den Privatbereich fallen und daher weder den Staat noch die Nachbarn etwas angehen. Dazu gehört das Beten und Fasten im Ramadan oder vor Ostern, das Verzehren oder Nichtverzehren von Alkohol, Schweinefleisch, Knoblauch, Blutwurst und anderer Lebensmittel sowie das Tragen von Kopftüchern, Tschadoren, Miniröcken oder Stringtangas. Nichts mit Aufklärung zu tun haben in diesem Zusammenhang auch die Befreiungsversuche einiger Feministinnen. Eine Gesellschaft, die Frauen das Tragen von Tschadoren verbietet, ist genauso illiberal und verstößt gegen das Recht auf freie Entfaltung der Persönlichkeit wie eine, die dies vorschreibt.

Wertewandel lässt sich nicht verordnen, und Versuche, es doch zu tun, enden meist im Gegenteil des Gewünschten. Das ist so wie bei den Eltern, die ihren Nachwuchs den Cannabis-Konsum verbieten wollen. Für alle weitergehenden Fragen wie Zwangsehen, Ehrenmorde und natürlich auch Terrorismus gibt es Polizei und Justiz, die sich mit jedem gesellschaftlichen und technologischen Wandel stets auch auf neue Formen der Kriminalität einstellen müssen.

Warum fällt es uns so schwer, in diesen Fragen etwas gelassener zu sein? Neben der islamfeindlichen Propaganda, deren übergroße Resonanz auf einen Mangel an Aufklärung verweist, kommt hier meine zweite These ins Spiel, wonach uns der Islam als Projektionsfläche für ein Selbstbild dient, das wir selbst nicht ausfüllen können. Ich folge hierin einer anderen Denktradition der Aufklärung, die von Friedrich Nietzsche über Michel Foucault zu Edward Said reicht. Sie geht davon aus, dass das Bild, das wir uns von uns selbst machen, stets in Abgrenzung zu einem anderen entsteht, das wir nicht sein wollen. Um mit Nietzsche zu sprechen: Damit ich gut sein kann, muss ein anderer schlecht sein. Dies ist die Grundlage des Ressentiments.

Europa konstituiert sich als aufgeklärt, emanzipiert, rational und demokratisch, indem es den Islam als das genaue Gegenteil beschreibt und damit aus seinem Wertekanon ausschließt. Damit erschafft es genau den Islam, den einige Leute meinen bekämpfen zu müssen, den es aber andernfalls gar nicht gegeben hätte. Foucault nennt dies die Produktivität der Macht. In der Frage der Gleichberechtigung von Frauen wird dieser Mechanismus besonders deutlich. Dass es auch in Europa noch immer keine vollständige Gleichberechtigung der Geschlechter gibt, zeigt ein Blick in die Vorstände großer Unternehmen und auf die unterschiedlichen Gehälter von Frauen und Männern.

Es ist noch gar nicht lange her, dass Frauen in Deutschland bei der Hochzeit ihren Namen aufgeben mussten und Vergewaltigung in der Ehe legal war: Beides wurde erst in den 1990er Jahren abgeschafft. Bis in die 1970er Jahre hinein konnten in der alten Bundesrepublik Männer ihren Frauen verbieten, eine Arbeit anzunehmen, und noch in den 1950er Jahren durften Frauen kein eigenes Konto führen.

Gleichberechtigung und Emanzipation sind langwierige und schwierige Prozesse, die auch in unseren eigenen Gesellschaften nicht abgeschlossen sind. Es ist daher weder hilfreich noch richtig, den Islam als frauenfeindlich zu beschreiben, und es verkennt die Fortschritte und Ausseinandersetzungen, die in vielen islamischen Ländern bereits gemacht wurden und auf dem Weg sind. Aber es trägt zweifellos dazu bei, dass Europa sich »gut« und emanzipiert fühlen kann. Dieselbe Argumentationsfigur lässt sich auch auf die Adjektive »rational« und »demokratisch« anwenden. Angesichts der zahllosen militärischen und geheimdienstlichen Interventionen Europas und seines Verbündeten, den USA, in die politischen Prozesse muslimischer Staaten und sogar den Staatsaufbau selbst ist es recht verwegen, wenn man immer wieder hört, der Islam sei mit der Demokratie nicht vereinbar.

Es ist ein anderes Thema, dass einige Islamisten diese Auffassung teilen. Tatsache ist, dass immer wieder demokratisch gewählte Regierungen in muslimischen Ländern durch den Westen gestürzt (Mossadegh im Iran), Extremisten mit Waffen und Geld aufgebaut (etwa die Taliban in Afghanistan) und Diktatoren gestützt werden (Saudi-Arabien). Manchmal werden diese auch erst gestützt und dann gestürzt (Saddam Hussain). Dem Islam und muslimischen Gesellschaften angesichts dieser Geschichte ein Demokratisierungsdefizit zu attestieren, zeigt, wie berechtigt Foucault in der Zuspitzung der eher psychologischen Argumentationsfigur Nietzsches ist. Das Argument dient der Verschleierung der eignen Machtinteressen und ist in der Tat hoch produktiv, da es genau die Gegebenheiten erzeugt, die man dem Islam vorwirft. So hat sich Samuel Huntingtons These vom »Kampf der Kulturen« als selbsterfüllende Prophezeiung erwiesen.

Wie demokratisch islamische Länder ohne westliche Interventionen und Waffenlieferungen wären, wissen wir nicht. Der islamische Terrorismus, so wie wir ihn heute kennen, ist die Ausgeburt dieser Politik. »Der Schlaf der Vernunft gebiert Ungeheuer«, wusste Francesco de Goya. Und er führt nun dazu, dass populistische Islamkritiker leichtes Spiel haben. Sie verschärfen die Konfrontation und bewirken genau das Gegenteil dessen, was aufgeklärte Gesellschaften in Zeiten globaler Mobilität eigentlich bräuchten: Toleranz und einen rationalen Diskurs darüber, wie sich das Zusammenleben von Menschen unterschiedlicher Kulturen und Religionen besser organisieren lässt.

Das führt mich zu meiner dritten These: Die Antwort auf das Problem kann nur Aufklärung sein. Und zwar genau in der von Immanuel Kant präzisierten Form seiner Beantwortung der Frage »Was ist Aufklärung?«: »Sapere aude! Habe Mut, dich deines eigenen Verstandes zu bedienen!«

Michel Foucault hat in seiner Interpretation dieser kleinen, aber zentralen Schrift Kants die Rolle des Mutes herausgearbeitet, den es braucht, um sich des eigenen Verstandes zu bedienen. Bei der Aufklärung handelt es sich somit nicht nur um eine Erkenntnisfrage, sondern eine des (politischen) Handelns. Das kann vieles bedeuten. In unserem Zusammenhang bedeutet es, dass Deutschland und Europa sich ehrlich der Tatsache der Einwanderung stellen müssen. Dies geschieht durchaus bereits in vielerlei Hinsicht, aber es muss noch konsequenter den Populisten entgegengewirkt werden, die im trüben Wasser des Ressentiments fischen.

Es bedeutet, dass wir der Benachteiligung muslimischer Bürgerinnen und Bürger in Europa, etwa in der Schule und auf dem Arbeitsmarkt, entschiedener entgegentreten müssen. Und es bedeutet auch, dass wir einen offenen Diskurs über die neo-koloniale Interessenpolitik des Westens in muslimischen Ländern führen müssen. Dies ist ein komplexes Thema. Es umfasst weitaus mehr als die Frage, ob Kriege wie etwa der im Irak gerechtfertigt sind.

Die neue Welt-Unordnung, wie sie manchmal bezeichnet wird, ist ja nicht nur durch den Aufstieg des gewalttätigen politischen Islam gekennzeichnet, sondern auch durch den nichtwestlicher Mächte wie China und Indien. Eine lange Zeit der Vorherrschaft Europas und des Westens geht damit zu Ende. Und der von Kant geforderte Mut besteht darin, dass wir uns eingestehen, dass wir kein eingeborenes Recht auf diese Vorherrschaft haben und damit auch nicht auf Ressourcen wie beispielsweise Öl. Bedauerlich ist, dass diese Einsicht wohl erst durch äußere Tatsachen zu politischem Wandel führen wird und nicht durch Einsicht, wie etwa das sture Festhalten der USA und Europas an der Dominanz im Uno-Sicherheitsrat und den Bretton-Woods-Institutionen zeigt. Unsere Interessenpolitik hat Ungeheuer geboren, die wir nicht mehr beherrschen.

Es ist einer aufgeklärten Gesellschaft oder zumindest einer – um Kant zu paraphrasieren –, die auf dem Weg dazu ist, unwürdig, Fragen der Ressourcenverteilung über Kriege und Waffenlieferungen zu entscheiden. Um noch einmal Nietzsche zu bemühen: »Wer mit Ungeheuern kämpft, mag zusehen, dass er nicht dabei zum Ungeheuer wird. Und wenn du lange in einen Abgrund blickst, blickt der Abgrund auch in dich hinein.«

Die Aufklärung aber ist eine Bewegung, die wie ein ins Wasser geworfener Stein stets neue konzentrische Kreise hervorbringt. Je nachdem, wie geschickt er geworfen wurde, geht er früher oder später unter.

Ich habe die Hoffnung, dass wir nicht mit den von uns

geschaffenen Ungeheuern untergehen, sondern dass die Bewegung der Aufklärung auch nach 300 Jahren noch genug Vernunft, Weitblick und Toleranz in Europa mobilisiert. So dass wir uns in nicht allzu ferner Zukunft darüber wundern, warum die Frage »Wie hast Du es mit dem Islam?« eigentlich als Gretchenfrage behandelt wurde.

Zwischen Diktatur und Demokratie

von Balázs Nagy Navarro (übersetzt von Martin Fiedler)

»Guten Tag, Herr Diktator«, begrüßte Jean-Claude Juncker, Präsident der EU-Kommission, scherzhaft den ungarischen Premierminister Viktor Orbán während des Gipfels der EU-Staatschefs in Riga. Für viele in Ungarn ist dies inzwischen kein Scherz mehr. Viele fragen sich, wie es passieren konnte, dass nach zwei Jahrzehnten freier Marktwirtschaft und europäischer Integration eines der Länder, das entscheidend den Wandel in der Region geprägt hat, zu einem Symbol für autoritäre Herrschaft, Aushöhlung der Gewaltenteilung, Missachtung europäischer Werte und Gleichgültigkeit gegenüber den Wünschen und Problemen der Bürger geworden ist. Was ist geschehen, dass einer der jungen Führer des radikalen Wandels in der Region selbst zu einem Anachronismus wurde?

Strikt antikommunistisch in seinen Reden, regiert Victor Orbán doch genau so, wie wir es noch aus den Zeiten der Einparteienherrschaft oder sogar des Feudalismus kennen. Eine Zeitung berichtete kürzlich, dass der Bau zweier geplanter Museen im neuen Museumsdistrikt in Budapest nicht erfolgen wird, da die Pläne dem Premierminister nicht gefallen. Wie bitte? In einem echten demokratischen Staat würde es einen Aufschrei geben, wenn derlei Dinge vom Regierungschef entschieden würden. Das ist nur ein Beispiel, warum viele Ungarn in Orbán eine neue Art Diktator sehen, einen gewählten Diktator. Zwar ist er noch kein »echter« Diktator, aber er ähnelt einem solchen mehr und mehr.

Er und andere führende Politiker in Ungarn – sowohl von rechts wie von links – gleichen nicht mehr Staatsmännern unserer Vergangenheit, deren Visionen weit über den reinen Machterhalt oder die persönliche Bereicherung hinausgingen. Dass Orbán, der aus einem kleinen Dorf kam, zur Spitze der Regierung emporstieg, beweist sein Talent und seine Fähigkeiten. Aber anstatt diese einmalige Position zu nutzen, um etwas wirklich Beständiges und Erinnerungswürdiges zu schaffen, verbinden immer mehr Ungarn seine Politik mit Abenteuertum: eine Politik ohne grundsätzliche Überzeugungen, eine Politik ohne echte Visionen, eine Politik, deren einziger Zweck es ist, so lange wie möglich an der Macht zu bleiben und alles diesem Ziel unterzuordnen.

Wenn man mit dem Auto ins Land einreist, sieht man große blaue Plakate mit Slogans wie »Nehmt uns nicht unsere Jobs weg«, »Respektiert unsere Kultur und unsere Gesetze«. Natürlich sind diese von der Regierung finanzierten und in ungarischer Sprache verfassten Plakate nicht an die teilweise illegal eingereisten Einwanderer gerichtet, die Bürgerkriegen, religiösen Konflikten und Misswirtschaft entfliehen wollen oder einfach nur nach einem besseren Leben für sich und ihre Familien suchen – so, wie sich Hunderttausende Ungarn dafür entschieden haben, in anderen EU-Ländern nach Jobs und neuen Möglichkeiten zu suchen. Man sagt, dass nach Budapest London die zweitgrößte ungarische Stadt sei. Das ist eine völlig neue Realität für ein Land, dass berühmt war für die mangelnde Mobilität seiner Bürger, die nicht einmal bereit waren, für einen neuen Job ans andere Ende des eigenen Landes zu ziehen.

Die Regierung führt das Land mit ihrer stabilen Mehrheit mehr und mehr in die Vergangenheit zurück. Gesetze, die an die frühen 1930er Jahre erinnern, treten erneut in Kraft, Gestalten der schon fast vergessenen Vergangenheit erleben derzeit ein Comeback, Minister entscheiden sogar über die Benennung von Schulen. Wie auch immer, noch bedrohlicher ist der alte Stil, mit dem regiert wird, dieses antidemokratische Regieren, welches schon früher diesem kleinen Land so viel Leid zugefügt hat. Gleichzeitig leben 40 Prozent der Bevölkerung unter oder nahe an der Armutsgrenze. Am einfachsten und schnellsten macht man gute Geschäfte oder gewinnt eine Ausschreibung, wenn man gute Beziehungen zur Regierung oder zur Regierungspartei hat. Korruption ist für das Land nichts Neues, die älteren Generationen behaupten, dass es jetzt sogar noch schlimmer sei als in kommunistischen Zeiten, immerhin hätte es damals noch eine Art Limit gegeben. Heutzutage gibt es keinerlei Limit. Viele Menschen können nicht verstehen, wie uns das passieren konnte, warum die Mehrheit sich nicht gegen das Regime erhebt und sagt: »Genug ist genug!« Oder warum sie, nachdem sie erfolgreich zu Hunderttausenden auf den Straßen Budapests gegen die Internetsteuer demonstrierten, nach einigen Wochen wieder von den Straßen verschwanden.

Ein großer Teil der Bevölkerung, vor allem die Jugend, sucht nicht nach störenden Antworten, sondern wählt den Weg der Auswanderung. Sie lassen Eltern, Heimat, Vergangenheit, eine verlorene Zukunft und alle Grenzen hinter sich und genießen die Freiheit des grenzenlosen Reisens in der EU, sie ziehen in andere Länder. Die meisten von ihnen haben nicht die Absicht, in nächster Zeit zurückzukommen, etliche sagen offen, dass sie niemals zurückkehren. Der neue Exodus, ausgelöst durch die Möglichkeiten, die die EU bietet, haben im ganzen Land die Alarmglocken schrillen lassen. Wenn gut ausgebildete Ärzte und Krankenschwestern weiterhin das Land verlassen, werden ungarische Krankenhäuser bald nicht mehr die nötigen Spezialisten für viele Behandlungen haben. Aktuell stehen mehr als 70 Prozent der Hausärzte kurz vor ihrer Pensionierung, und junge Ärzte weigern sich, für niedrige Gehälter auf dem Land zu arbeiten.

Was aber wird aus dem Rest? Natürlich gibt es auch viele, die von den Vorteilen des neuen Regimes profitieren; alle, die dem System loyal dienen, erhalten ihren Lohn. Andere versuchen, das System einfach nur zu überleben, so wie sie es schon in anderen schwierigen Situationen ihres Lebens taten. Kampf ums Überleben, das beschreibt in der Tat am besten die derzeitige ungarische Gesellschaft. Jeder will nur überleben – das Regime überleben, die wirtschaftlichen Schwierigkeiten überleben, die Geschichtsklitterung überleben, die Herrscher überleben und hoffen, dass einmal bessere Anführer kommen werden. Die Menschen denken, dass alles nur ein Alptraum ist, den man nach einigen Tagen vergisst. Aber das echte Leben funktioniert nicht so, die Realität zu verleugnen bringt nichts außer Wunden, die lange zurückbleiben und nur schwer verheilen.

Man sollte keine falsche Schlussfolgerung ziehen: Die derzeitige schwere Krise der ungarischen Demokratie wurde nicht lediglich durch eine schlechte Regierung oder einen einzelnen Mann verursacht. Wenn dies der Fall wäre, wäre die Lösung so viel einfacher. Nein, die aktuelle Situation ist Kulminationspunkt und Ergebnis von Jahrzehnten schlechter Regierungsführung, verdeckter Korruption innerhalb der politischen und ökonomischen Eliten und, nicht zu vergessen, der Unterstützung durch nicht wenige Intellektuelle. Und sie ist auch Ergebnis unserer Passivität, unserer mangelnden Solidarität mit denen, die an tiefgreifenden Änderungen des Systems arbeiten, ohne dabei einen persönlichen Nutzen zu gewinnen.

Wenn aber der einzige Antrieb der Gesellschaft das Überleben ist, kommt man nur schwer voran. Wenn sich die Menschen nur bewegen, sobald ihr eigener Wohlstand gefährdet ist, und wegschauen, wenn weniger Glückliche leiden, dann ist es sehr einfach, sie zu trennen und zu manipulieren. Manipulieren, Verzerren oder das völlige Fehlen von Informationen – das ist Teil des »neuen Spiels«, in dem kontrollierten oder eingeschüchterten Medien die wichtige Rolle zukommt, die Machthaber so lange wie möglich an der Macht zu halten. In diesem Spiel sollen all diejenigen, die gegen das Regime sind, vom Weg abgebracht werden – nicht durch physische Bedrohung, sondern indem sie ihre Jobs und ihren Lebensunterhalt verlieren oder zum Gehorsam gezwungen werden. Staatlich kontrollierte Institutionen, die für diese Ziele eingespannt werden, tun das Ihre, unabhängige Institutionen und deren Mitarbeiter werden eingeschüchtert oder ständig belästigt. Privaten Geschäftsleuten und auch weniger abhängigen multinationalen Firmen wird zu verstehen gegeben, dass sie das Spiel besser mitspielen oder verschwinden sollten.

Als die Regierung beschloss, es mit dem privaten TV-Sender RTL Ungarn aufzunehmen, nachdem dieser nach Jahrzehnten des Tiefschlafs endlich echte Nachrichten sendete, begann ein unerklärter Krieg. Die Regierung erließ ein auf RTL gezieltes Werbegesetz, das aber einen bedeutenden Kollateralschaden verursachte: Das Medienimperium des früheren engen Freundes Orbáns und Finanziers der Regierungspartei FIDESZ, des berüchtigten Oligarchen Lajos Simicska, war ebenfalls von diesem Gesetz betroffen. So begannen gleich zwei verdeckte Kriege. Nach einem Jahr erkannte die Regierung ihren Fehler. Der größte kommerzielle Fernsehkanal Ungarns, der seit 1997 besteht, sendete auf einmal statt Klatschmeldungen tägliche Nachrichten über Korruption innerhalb der Regierung. So gelangten Informationen, die die Regierung eigentlich einschränken wollte, zum größten Publikum des Landes. In Ungarn, wo mehr als 80 Prozent der Bevölkerung Nachrichten über elektronische Medien beziehen, kann dies zu einem fatalen Problem für die Regierung werden – und so begann umgehend die Schadensbegrenzung.

Nachdem Orbán aufgrund fehlender politischer Alternativen und einer zerstrittenen und diskreditierten Opposition einen einfachen Wahlsieg einfuhr, schloss er einen geheimen Deal mit RTL. Die Steuer wurde beträchtlich gesenkt und gleichmäßiger verteilt. So blieb als einziges Problem der Feind, der ihm aus dem Wirtschaftstycoon erwuchs, mit dem er früher verbündet war. In diesem Krieg schien es keinerlei Grenzen zu geben. Simicska begann die Grundlage des politischen Systems sowie die persönliche Integrität und die Glaubwürdigkeit Orbáns zu diskreditieren – ein mutiger Akt eines früheren Weggefährten, aber mit gefährlichen möglichen Konsequenzen. Wenig überraschend verlor der Unternehmer, der früher jede Ausschreibung für Bauvorhaben der Regierung gewann, eine lukrative Möglichkeit nach der anderen. Die Vendetta hatte begonnen.

Die Kernfrage ist aber nicht, wie lange diese Art von halbautoritärem und halbdemokratischem Regime Bestand hat, sondern warum die Gesellschaft so schwach ist. Eine Gesellschaft, die mit ihrem eigenen Blut begann, ihre Geschichte neu zu schreiben, als 1956 Tausende im Kampf für Freiheit und Demokratie gegen ein brutales kommunistisches System und die Sowjetarmee starben. Der Kalte Krieg ist vorbei, ebenso die Besatzung. Das Land erhielt seine Unabhängigkeit friedlich zurück, ein demokratisches System wurde wiedererrichtet. Ungarn wurde Teil der erfolgreichsten wirtschaftlichen Integration der Welt. Was ging also schief? Ist es nur die Hinterlassenschaft der jüngeren Vergangenheit oder steckt mehr dahinter? Und wie kann diese Situation bewältigt werden? Dies sind die wichtigsten Fragen hinter dem bloßen Verlangen nach politischem und sozialem Wandel.

Als ich mich als Journalist und Menschrechtsaktivist zu meinem ungeplanten Kreuzzug für demokratischen Wandel und Pressefreiheit entschloss, war meine erstaunlichste Erfahrung, wie viele Dinge die Menschen tolerieren, mit denen sie eigentlich nicht zufrieden und die nicht mit demokratischen Prinzipien vereinbar sind. Die Menschen hofften einfach auf etwas Besseres und warteten passiv darauf, dass irgendwer, vor allem irgendwer aus dem Ausland oder aus der Spitze der Regierung, die notwendigen Dinge für sie täte.

Passive Menschen sind aber die besten Freunde jedes Unterdrückungsregimes, man kann schließlich machen, was man will. Passivität mit einer großen Portion Apathie, die davon ausgeht, dass keine Aktion etwas bewirken kann, verstärkten dieses Gefühl. Daher müssen wir diese Passivität überwinden, den Menschen verständlich machen, dass die Demokratie kein für immer gegebenes Recht ist. Demokratie bedeutet, dass die Bürger das Recht haben, bestimmte Dinge zu tun, ihre Meinung frei zu äußern, ihre Rechte geltend zu machen und zu protestieren, wenn es nötig erscheint. Manchmal kann ein unerwarteter Schritt eine Ereigniskette auslösen, die in extremen Situationen zu dem erhofften Wandel führt.

In Ungarn geschah dies zuletzt gleich mehrmals, aber der erhoffte Durchbruch blieb aus. Er blieb aus, weil es in einer schlafenden, deprimierten und unterdrückten Gesellschaft selten geschieht, dass ein oder zwei wie auch immer geartete Heldentaten oder große Proteste umwälzende Änderungen hervorbringen. Hierfür bedarf es mehr als nur ein paar tapferer Bürger und einigen Tausend Unterstützern auf den Straßen. Hierfür braucht man größere Unterstützung, einen Moment, in dem immer mehr Menschen die Zustände hinterfragen, die zuvor noch hingenommen wurden, einen Moment, in dem sie bemerken, dass in einer demokratischen Gesellschaft politischer Wandel auch durch Wahlen herbeigeführt werden kann, weil ihre Stimme echtes Gewicht hat.

Natürlich muss sich auch die Mentalität ändern. Es reicht nicht, nur auf den Wandel zu hoffen. Es ist nicht genug, sich nur zu beschweren, Handeln ist gefragt, und dies auch nicht nur während einer Wahl, sondern im alltäglichen Leben, in der Familie, der Schule und am Arbeitsplatz. Außerdem muss eine aktivere Beteiligung bei der Gestaltung der Gesellschaft beginnen, die verlorene Stimme muss wiederentdeckt werden, die eigene Meinung muss artikuliert werden, und man muss ihr gemäß denken und auch handeln. Das sind wesentliche Voraussetzungen für einen grundlegenden Wandel. Im nächsten Schritt würde man sich umschauen und erkennen, dass man nicht allein ist, man würde gleichgesinnte Menschen finden, versuchen sich gegenseitig zu helfen und eine Koalition des Wandels zu schaffen.

Die Demokratie in Ungarn ist ernsthaft beschädigt. Die Menschen misstrauen der Politik vollständig, die meisten denken, dass Politiker nur ihrem eigenen Wohl dienen, dass Wahlversprechen gebrochen werden, sobald die Wähler nicht mehr benötigt werden. Aber bei der nächsten Wahl geraten die Menschen erneut in die gleiche Falle. Ein Grund dieses Versagens ist, dass das demokratische Denken und Handeln immer noch recht neu sind für diese Gesellschaft. Außerdem hat das Handeln der politischen und wirtschaftlichen Eliten die demokratischen Grundsätze unterminiert. Ein weiterer Grund ist die Tatsache, dass sich die Gesellschaft sehr stark an diesem autoritären und nicht wirklich demokratischen Weg ausrichtet. Nicht nur die herrschenden Eliten müssen sich ändern, sondern die Gesellschaft an sich.

Misstrauen ist ein Gefühl, dass tief in unserer sozialistischen Vergangenheit verankert ist, auch 25 Jahre demokratischer Regierung haben diese Situation nicht wirklich verändert. Einige behaupten sogar, dass die Dinge schlimmer sind als damals, da sich die Hoffnung, dass die Demokratie alles zum Besseren wandeln würde, für viele zerschlagen hat.

Apathie, Passivität und Misstrauen zu überwinden, ist ein langer Kampf, der nicht durch isoliertes Handeln gewonnen werden kann. Um den Wandel herbeizuführen bedarf es des gemeinsamen Handelns und der Solidarität.

Im Dezember 2011 nahmen viele Bürger mit Verwunderung zur Kenntnis, dass aufgrund politisch motivierter Nachrichtenmanipulation und Informationsverzerrung bei den öffentlich-rechtlichen Medien ein Hungerstreik begann. Für einen kurzen Moment, nur für einige Wochen, fanden sich Abertausende auf der Straße zusammen und unterstützten unsere Forderung nach einer freien Presse. Die verloren geglaubte Solidarität kam wieder hervor, ganz gewöhnliche Menschen von außerhalb begannen den Hungerstreikenden warme Kleidung oder Tee zu bringen. Als die Bewegung »Saubere Hände für ein demokratisches Ungarn« am letzten Tag des Jahres 2011 durch uns gegründet wurde, schworen nahezu zehntausend Menschen vor dem Parlament die demokratischen Freiheiten und die grundlegenden Menschenrechte zu verteidigen, die Korruption zu bekämpfen und sich gegen Diskriminierungen und für die Einhaltung des Gesetzes zu erheben.

Wirklich überraschend war jedoch die relative Stille der Journalisten, und zwar nicht nur derjenigen, die eingeschüchtert bei den öffentlich-rechtlichen Medien arbeiteten, sondern auch derjenigen, die für private oder ausländische Firmen tätig waren. Dieser Skandal enthüllte die Mitschuld und Verantwortung der Medien. Die Journalisten, die eigentlich an vorderster Front zur Verteidigung ihrer eigenen Rechte und der Pressefreiheit hätten stehen müssen, blieben verhältnismäßig still. Die Menschen, die den Protest unterstützten, kamen aus den verschiedensten

Teilen der Gesellschaft. Angefangen bei Hausfrauen und Kindergartenpersonal bis hin zu Arbeitern oder Schauspielerinnen ergab dies ein buntes Bild, lediglich die Journalisten fehlten signifikant.

Eine wichtige Lektion der Vergangenheit ist, dass wir keinen echten Wandel erwarten dürfen, wenn wir uns nicht unseren Fehlern und unserer Verantwortung stellen. Es sind nicht nur die Regierung, die politischen und wirtschaftlichen Eliten oder ihre intellektuellen Unterstützer, die für die Schwäche unserer Demokratie verantwortlich sind. Es ist es die gesamte Gesellschaft. Soziale Ungerechtigkeiten, wachsende Ungleichheit und Armut zu ignorieren, Rassismus und Rechtsbrüche zur eigenen Bereicherung zu tolerieren und wegzuschauen, wenn Korruption oder Diskriminierung auftreten, dies alles befördert Machtmissbrauch, Missachtung demokratischer Prinzipien und unterminiert die Säulen einer gerechteren und sicherlich auch glücklicheren Gesellschaft. Wenn Demokratie nicht im täglichen Leben stattfindet, wird sie zu etwas weit Entferntem, zu etwas, dass wir alle fordern, aber zu oft verraten lassen. Man muss nicht ewig auf Helden oder einen Messias warten oder auf Hilfe von außen, diese werden niemals oder zu spät kommen. Wir müssen stärker unserem Gewissen folgen und gemeinsam handeln mit stärkerer Einbindung in den öffentlichen Diskurs. So kann der erhoffte Wandel eintreten und der Übergang friedlich vonstatten gehen, worüber viele Menschen sicherlich erleichtert wären. Dabei ist die Frage nicht, ob der Wandel kommen wird oder nicht, sondern nur, wann er kommen wird und ob es möglich sein wird, soziale Verwerfungen und Gewalt zu vermeiden. Die Uhr tickt.

Die Autoren

Hans Jörg Armbruster, geboren 1947 in Tübingen, studierte unter anderem Sozialwissenschaften, Politikwissenschaft und Sprachwissenschaft in Köln. Ab 1974 arbeitete er für Rundfunk und Fernsehen bei WDR und SDR. Von 1999 bis 2012 war er Korrespondent der ARD für den Nahen und Mittleren Osten. In diesem Zusammenhang berichtete er aus dem Bürgerkriegsland Syrien und wurde bei einem Anschlag in Aleppo schwer verletzt. Armbruster verfasst weiterhin Analysen zur politischen Situation in der arabischen Welt.

Stefan Buchen, geboren 1969 in Gummersbach bei Köln, studierte arabische und französische Sprache in Mainz sowie arabische Literatur in Tel Aviv. 1996 begann seine journalistische Laufbahn als Korrespondent der Agence France-Presse (AFP) in Jerusalem. Seit 2001 arbeitet er als ARD-Fernsehjournalist unter anderem für politische Magazine sowie für Tagesschau und Tagesthemen. Er berichtete teilweise undercover aus dem Iran, recherchierte über die Bundeswehr in Afghanistan und über den Arabischen Frühling.

Ides Debruyne, geboren 1966 in Roeselare (Belgien), ist Initiator und Managing Director des Projekts Journalismusfund.eu, das Datenjournalismus und kooperative Recherchen in Europa zu Themen wie Menschenhandel, Missbrauch von EU-Geldern und illegalem Waffenhandel befördert. Zugleich ist Debruyne in Belgien Mitbegründer der Association of Investigative Journalists. An der Universität in Gent unterrichtet er Journalismus.

Roland Jahn, geboren 1953 in Jena, gehörte zur ostdeutschen Oppositionsbewegung, war 1983 einer der Gründer der Jenaer Friedensgemeinschaft und wurde noch im gleichen Jahr aus der DDR zwangsausgebürgert. Als Journalist beim TV-Magazin Kontraste trug er dazu bei, die Weltöffentlichkeit und die DDR-Bürger über die Geschehnisse im Herbst 1989 zu informieren. Seit 2011 ist er der Bundesbeauftragte für die Unterlagen des Staatssicherheitsdienstes der DDR. Jahn erhielt 1998 das Bundesverdienstkreuz und 2005 den Bürgerpreis zur Deutschen Einheit.

Oleg Kaschin, geboren 1980 in Kaliningrad, studierte Marinenavigation an der Staatlichen Baltischen Fischereiflotten-Akademie. Er ist einer der bekanntesten Enthüllungsjournalisten Russlands und arbeitet unter anderem für die Tageszeitung »Kommersant«. Kaschin setzt sich nicht nur mit Demokratiemängeln auseinander, sondern greift auch Sozial- und Umweltthemen auf. Im Oktober 2010 ereignete sich ein brutaler Überfall auf ihn, der bis heute nicht aufgeklärt ist.

Thomas Mayer, geboren 1949 in Freital bei Dresden, studierte Journalistik an der Karl-Marx-Universität in Leipzig und arbeitete von 1972 bis 1991 als Redakteur für Lokales, Sport und Reportagen beim »Sächsischen Tageblatt« in Karl-Marx-Stadt, Dresden und Leipzig. Danach war er bis 2012 als Chefreporter für die »Leipziger Volkszeitung« tätig. In dieser Funktion reiste er in verschiedene Kriegsgebiete, um über humanitäre Hilfsaktionen zu berichten. Mayer ist Autor des Buches »Der nicht aufgibt. Christoph Wonneberger – eine Biographie«, Evangelische Verlagsanstalt 2014.

Balázs Nagy Navarro, geboren 1967 in Budapest, ist ungarischer Journalist und engagiert sich seit Inkrafttreten des ungarischen Mediengesetzes gegen Nachrichtenmanipulationen und Zensur im öffentlich-rechtlichen TV Ungarns. Bis 2011 war Navarro Fernsehredakteur beim Sender MTV. Aufgrund von Protest und Hungerstreik gegen die politische Zensur wurde Navarro widerrechtlich gekündigt. Heute ist er Aufsichtsratsvorsitzender des Europäischen Zentrums für Presse- und Medienfreiheit Leipzig.

Britta Petersen, geboren 1966 in Düsseldorf, absolvierte ihre Journalistenausbildung an der Axel Springer Akademie. Von 2003 bis 2006 arbeitete sie in Kabul als Vorsitzende der von ihr gegründeten Organisation Initiative Freie Presse e.V. und setzte sich für die Ausbildung afghanischer Journalisten ein. Als Südasienkorrespondentin war sie für »Die Zeit« und »Universitas« tätig, von 2010 bis 2104 leitete sie das Büro der Heinrich-Böll-Stiftung in Pakistan. Sie ist derzeit Senior Fellow an der Observer Research Foundation (ORF) in Neu-Delhi.

Bettina Rühl, geboren 1965 in Bad Homburg, studierte Geschichte, Germanistik und Journalistik in Köln und Mainz. Seit 1988 ist sie Afrika-Korrespondentin, arbeitete zwischenzeitlich für ARD-Radiosender und den Deutschlandfunk und scheute bei ihrer Tätigkeit nicht vor Risiken zurück. Rühls zentrale Themen sind Berichte und Analysen zu zerbrechenden Staaten wie Somalia und dem Kongo, Kriegs- und Konfliktsituationen sowie die Migration aus Afrika nach Europa.

Wolfram Weimer, geboren 1964 in Gelnhausen, studierte Germanistik, Politikwissenschaften und Volkswirtschaftslehre in Frankfurt am Main und Washington. Er war von 2000 bis 2002 Chefredakteur von »Die Welt« und »Berliner Morgenpost«, ab 2010 des »Focus«. 2004 gründete er das Magazin für politische Kultur »Cicero«, als dessen Chefredakteur er bis vor das Bundesverfassungsgericht zog, um ein Urteil gegen die Aushöhlung der Pressefreiheit zu erreichen. 2012 gründete Weimer die WEIMER MEDIA GROUP. Hier erscheinen Wirtschaftsmedien wie »Börse am Sonntag« und »denkzeit. Magazin für Politik, Wirtschaft und Kultur«.

 **Simone Wendler,** geboren 1955 in Cottbus, absolvierte ein Chemiestudium, bevor sie 1990 in den Journalismus wechselte. Seit 2002 ist sie Chefreporterin der »Lausitzer Rundschau«. Für ihre Recherche zur rechten Szene in der Lausitz erhielt sie 2013 den Journalistenpreis »Der lange Atem«. Innerhalb der Cottbusser Immobilienbranche deckte Wendler korruptive Machenschaften auf, wofür ihr der Wächterpreis der deutschen Tagespresse verliehen wurde.

Alle Autorinnen und Autoren sowie der Herausgeber wurden mit dem Preis für die Freiheit und die Zukunft der Medien der Medienstiftung der Sparkasse Leipzig, der seit 2001 alljährlich verliehen wird, ausgezeichnet.

Bildnachweis
Hans Jörg Armbruster (© SWR Alexander Kluge), Stefan Buchen (© privat), Ides Debruyne (© Picturesque), Roland Jahn (© BStU Ronny Rozum), Oleg Kaschin (© Medienstiftung), Thomas Mayer (© LVZ, Andreas Döring), Balázs Nagy Navarro (© Stefan Hopf), Britta Petersen (© privat), Bettina Rühl (© Jürgen Naber), Wolfram Weimer (© Sommer und Sommer GbR), Simone Wendler (© Lausitzer Rundschau)

Thomas Mayer

Der nicht aufgibt

Christoph Wonneberger –
eine Biographie

*Schriftenreihe des Sächsischen
Landesbeauftragten für die
Unterlagen des Staatssicherheits-
dienstes der ehemaligen DDR | 14*

176 Seiten | 12 x 19 cm
mit zahlr Abb. | Paperback
ISBN 978-3-374-03733-9
EUR 9,90 [D]

Christoph Wonneberger, Wegbereiter und Akteur der Friedlichen Revolution, feierte 2014 seinen 70. Geburtstag. Als Pfarrer der Dresdner Weinbergskirche initiierte er den Sozialen Friedensdienst und begründete die Tradition der Friedensgebete. Von 1986 bis Ende Oktober 1989 war er der Koordinator der Leipziger Friedensgebete in der Nikolaikirche. Als im Herbst 1989 das Ende der DDR besiegelt war, wurde der Mann des Wortes sprachlos – ein Hirnschlag zwang ihn zum jahrelangen Schweigen. 25 Jahre danach erzählt er dem ehemaligen Chefreporter der LVZ, Thomas Mayer, sein Leben.

EVANGELISCHE VERLAGSANSTALT
Leipzig www.eva-leipzig.de

Tel +49 (0) 341/ 7 11 41-16   vertrieb@eva-leipzig.de